はじめての
デザイン思考

Design Thinking
for Beginners

BASIC
BOOK &
PRACTICE
CARDs

基本BOOK&
実践CARDs

伊豆裕一 著
IZU Yuichi

東京書籍

はじめに

　デザイン思考 (Design Thinking) は、1990年代に、アメリカのデザイン事務所により、デザイナーの思考方法を用いた課題解決手法として紹介され、実践されてきたものです。そこでは、「ユーザーの気持ちに共感しながらデザインを考える」、「頭に浮かんだアイディアを絵に描いて確認してみる」といった、デザイナーならではの思考方法が多く用いられます。

　近年、日本でもゲームメーカーや電機メーカーなどが積極的にデザイン思考を取り入れることで開発した、先進的な製品も多く知られるようになってきました。しかし、アメリカではデザイン思考は小学校の授業でも取り入れられるなど、日常生活における身近な課題解決に対しても、有効なツールと考えられています。

　デザイン思考には、フォーマットに沿って記述を行うことで、キーワードの関係性などをわかりやすく可視化できる手法 (ツール) が多く使用され、それらの活用方法を学ぶことで、一定のレベルでの実践も可能になります。しかし、デザイン思考を理解するうえで、デザイン実務のプロセスやデザイナーがどのようにアイディアを発想するのかを理解することは大切です。

　本書は、筆者が、デザインを学ぶ大学生に向けた基礎科目として開講している「デザイン思考」の講義内容をベースに、これまでデザインにはあまり関わったことがない人達に向けた「入門書」として書き直したものです。そのため、デザイン思考のプロセスを実際のデザインワークと照らし合わせて紹介するとともに、授業で用いる実践CARDsに従って、代表的な手法を学べるようにしました。

　デザイナーの思考方法の特徴の1つとして、スケッチやモデル制作といった表現スキルを用いて、頭の中で発想したイメージを表現するプロセスがあげられます。一見難しそうですが、目的を理解することで、上手・下手といったスキルにとらわれずに活用できるようになります。

　私は、1980年にデザイナーとして電機メーカーに入社しました。デザイナーになって、はじめて担当した商品はアメリカのシアーズ・ローバックという量販店向けの専用モデルとなるテレビでした。最近、日本の量販店でも、アジアの各国で作られた専用モデルが多く見られるようになりましたが、アメリカにおける当時の日本製品も、自社ブランドではなかなか店頭には置いてもらえない時代でした。

　しかし、やがて日米製品のブランドイメージは逆転し、アメリカの店頭から自国ブランドの商品が減っていく頃に登場したのがデザイン思考です。産業構造が製造業からサービス産業へと変化するなか、サービス産業強化のための手法としてもデザイン思考は活用されてきました。近年、日本市場でも、いつの間にか自国ブランドの製品は減少し、アジアの各国で製造された製品が多くを占めるようになりました。まさに今、日本にもデザイン思考が求められるのではないでしょうか。

　デザイン思考では、"ユーザー目線の発想"、"協力して課題を進めるチームワーク"、"手を動かしながら考える思考"の3点が重視されますが、これらはいずれも、日本人が得意とするものです。

　たとえば、"ユーザー目線の発想"は、相手の立場に立ってサービスを考える、おもてなしの精神に通じるものですが、デザイン思考では、観察手法、インタビュー手法、およびそれらの結果に対する分析手法をとおして、ユーザーの気持ちに共感します。

　また、"協力して課題を進めるチームワーク"も日本人が得意とするものといえます。しかし実際には、一緒にプロジェクトを進めるメンバー全員の発言が求められる場面にあっても、遠慮して発言しない人は大勢います。また、せっかく全員が意見を述べたものの、今度はお互いに気を使ってしまい、意見を収束させることができないということもあります。

　これに対して、デザイン思考では、ブレインストーミングでメンバー全員のアイディアを集めたのち、ポジショニングマップといわれる手法でそれらを分類し、関係性を可視化しながら、メンバーの立場に関係なく合理的（クール）に方向づけを行うことができます。

　一方、"手を動かしながら考える思考"は、考えたことを言葉にする以外に、簡単なイラストやモデルにすることで、確認したり、イメージを共有するために用いられます。これに関しては、物心がついた時から、日本を代表する文化となったマンガを見て育った若い人たちの表現能力は、世界的にも抜きんでているのではないでしょうか。

　これはマンガに限ったことではありません。海外で暮らしたことがある人であれば経験があると思いますが、知らない人に道を教える時、多くの日本人は紙と鉛筆があれば、ごく自然に簡単な地図を描いて教えることができます。しかし、欧米人の多くはめったに地図は描きません。××アベニューに入ったら、2つ目の××ストリートを右に曲がって、××番地といったように言葉での説明にこだわる傾向があります。

　しかし、このように絵で表現することが得意な日本人ですが、デザイン思考の研修会などを覗いてみると、多くの人は「私は絵が下手だから」と誰もスケッチを描こうとはしません。

　研修会の多くが、あまり絵は描かない講師により行われている、といったところにも問題があるのかもしれませんが、相対的に下手なものは人前で披露してはいけないといった、日本人ならではの奥ゆかしさも影響しているのかもしれません。

　しかし、私のこれまでの経験では、文字だけでなく、必ずイラストでも表現することを義務づけると、自分もまんざらではないことに気づく人も多いようです。

　ちなみに、日本でデザイン思考の研究や実践が進んでいる大学はどこだと思われますか？ デザインという名前がついていることから、美術系やデザイ

ン系の大学と考える人も多いのではないかと思います。しかし、マスコミで取り上げられる事例や学会での発表などから、東京大学、京都大学、慶應義塾大学といった名前があがってきます。

　試しにネットで、東京大学 i.schoolと検索をしてみてください。2009 年にイノベーション教育プログラムとして開始されたi-schoolでは、人間中心イノベーションとして、多くのプロジェクトが実施され、日本を代表する多くの企業がスポンサーについています。また、ホームページ内の、ARCHIVESと書かれた過去のワークショップの紹介ページを見ると、デザインコースは持たない東京大学の学生達が、一生懸命にスケッチを描きながらデザイン思考のプロセスに沿ったプログラムに参加する様子を見ることができます。

　実はアメリカでもスタンフォード大学やハーバード大学といった、トップクラスの大学で、デザイン思考教育は進んでいるともいわれます。このように、一見デザインとは関係ない総合大学がデザイン思考を取り入れる理由として、社会から求められる課題解決力の育成があげられます。

　デザイン思考のプロセスを用いることで、人々が自分でも気づかないようなニーズを課題として発見し、アイディアを可視化することで検証を繰り返しながら解決策を考えることが可能となります。そして、そのようなプロセスを、ユーザー視点の発想方法として取り入れることで、ビジネスにおけるイノベーションに繋げることが期待されています。

　アメリカで実践されてきたデザイン思考ですが、多くの日本人にとっては、得意とするところをさらに伸ばす一方、苦手とするところをカバーする、大変に取り組みやすい課題解決手法といえます。

　まずは本書がきっかけとなり、この世界標準の課題解決手法を知っていただき、「面白そうだ！」、「やってみようか！」と感じていただければと思います。

伊豆裕一

https://ischool.or.jp/about/
https://www.kyoto-u.ac.jp/ja/about/public/mm/jitsuha/151029
http://lab.sdm.keio.ac.jp/idc/

4 手を動かしながら考える表現スキル

5 経験をデザインするツール

6 デザイン思考にチャレンジ

本書（基本 BOOK）の使い方

　第1～2章では、デザイン思考の背景とともに、デザイナーがデザインを行う際の思考方法について解説します。デザイン思考を実践するうえで、デザイナーの思考方法を理解することは大切です。デザイナーはなぜ消費者のことを第一に考えるのか？　デザイナーはなぜスケッチを描くのか？　といったことについて、事例を交えて紹介します。

　3章では、デザイン思考の基本的なプロセスと、そこで使われる代表的な18の手法を紹介します。各プロセスの目的とそこで用いられる各手法の使用方法について、それぞれ3ステップで学べるようにしました。

　4～5章では、デザイン思考の特徴となる、スケッチを始めとする表現技法と、経験のデザインに向けた手法を再度取り上げ、具体的な練習方法やフォーマットの活用方法などを説明します。よろしければ、紙と筆記具を準備してスケッチ技法にもチャレンジしてみてください。

　6章では、学生達による、デザイン思考の実践例を紹介します。

　デザイン思考の考え方や、各ツールの使い方を理解したら、日常生活での身近な課題解決や、仲間内でのイベント企画などに活用してみてはいかがでしょうか。たとえば、町内会のイベントで手作りクッキーの販売を行う時、デザイン思考を活用することで、出店計画や販売計画について、具体的なシミュレーションを行いながら計画を立てることができます。

　なお、本書ではデザイン思考で活用される手法のうち、基礎的な18の手法について、それぞれ3ステップによる活用方法を紹介しますが、以下のURLとQRコードから、カード形式にしたデータのダウンロードが可能です。また、本書の183～209ページにも、54枚の実践CARDsを掲載しました。

　スマートフォンなどにダウンロードした画面を参照しながら、デザイン思考の各手法にチャレンジいただければと思います。

https://www.tokyo-shoseki.co.jp/books/downloadpage/designthinking/

1

デザイナーの思考方法

「デザイナーの思考方法を用いた課題解決
手法」といわれるデザイン思考ですが、そ
もそもデザイナーの思考方法とはどのよう
なものでしょうか。
デザインという言葉の定義、デザインと芸
術の違い、デザインと技術の関係などから
考えたいと思います。

そもそもデザインとは

　デザインという言葉はさまざまな意味で使われます。「服をデザインする」と聞くと、多くの人は、トレンドカラーや着心地の良いシルエットといった、色や形のことと考えます。一方、政治家が「国家をデザインする」と言っても、都市や街の景観を良くすることと考える人は少ないと思います。

　"Gマーク"として知られる、グッドデザイン賞を主催する公益財団法人日本デザイン振興会のホームページ*には、「あなたが商品や事業、プロジェクトを生み出した目的はなんでしたか？　その目的のための計画そのものが実は『デザイン』です。色や形、技術や機能は、その目的を実現するための手段のひとつです」との記載があります。

　デザインは、いろいろな切り口で分類できる言葉ですが、私は、対象物（モノ）による分類と目的（コト）による分類から考えるのが分かりやすいと思います。対象物による分類は、一般にコミュニケーション（グラフィックやサインなど情報を伝えるデザイン）、プロダクト（工業製品や家具などのデザイン）、環境（建築やランドスケープなどのデザイン）の3種類に分類されます。

　これに対して、目的による分類の例としては、各種のサービスがあげられます。たとえば、私たちが毎日のように利用するWebの検索画面は、コミュニケーションデザインの一種ですが、システムとしては、検索エンジン会社の提供するサービスのデザインとなります。

　また、ユニバーサルデザインも目的によるデザインの良い例です。ご存知の方も多いと思いますが、ユニバーサルデザインは年齢や障害などの有無にかかわらず、誰もが使いやすいようにデザインされた製品やサービスと説明されます。近年では、全国の小中学校でも、障害のある児童を受け入れたバリアフリーな教育環境の整備が進められるなど、浸透が図られています。

https://www.jidp.or.jp/ja/about/firsttime/whatsdesign

ここで、ユニバーサルデザインと対象物によるデザインの分類の関係を考えると、下図のような関係が見えてきます。

	ユニバーサルデザイン
コミュニケーションデザイン	読みやすい書体（UDフォント）を使用した新聞紙面
プロダクトデザイン	車いすのまま乗車できる低床バス
環境デザイン	家のなかの段差をなくした高齢者向け住宅

これに加えて、ユニバーサルデザインとサービスのデザインとの関係も考えると、"小中学校において障害のある児童を受け入れ、障害のない児童との交流を深めることで相互理解を深め、差別のない社会をつくろう"といった教育のデザインも見えてきます。

このように考えると、日本デザイン振興会のホームページに書かれた、目的のための計画そのものが「デザイン」であり、色や形、技術や機能は、その目的を実現するための手段のひとつ、という説明もよく理解できると思います。

デザイン思考における「デザイン」も、同じように考えることができます。ただ、ユニバーサルデザインにおいては「誰もが使いやすいようにデザインされた製品やサービス」と目的が決まっているのに対し、デザイン思考における目的は私たち自身が決めることになります。

家庭や職場などで「この課題を解決したい」といった目的を定め、その目的を達成するための計画である「デザイン」により解決策を考え実行することがデザイン思考です。

芸術とデザイン

　前ページで紹介した、「目的のための計画」そのものが「デザインである」との説明を読んで意外に感じた方も多いと思います 。私は、その理由として、「デザイン」という言葉に対する認識が影響していると考えます。

　日本では、デザインは高校までは美術教育のなかで取り上げられることもあってか、多くの人は美術（アート）とデザインは同じようなものと認識しているのではないでしょうか。実は、最近の美術の教科書を見ると、デザインについてもかなり詳しく書かれています。しかし、美術の先生の多くは、教育学部の美術教育課程や美大で絵画や彫刻などを専攻した人達で、残念ながらデザインについてはあまり詳しくはありません。

　辞書で美術と引くと「芸術のなかで、美的効果を目的として創造された造形品」といった説明が出てきます。そこで、次に芸術と引くと「一定の材料・技術・様式を駆使して、美的価値を創造・表現しようとする人間の活動およびその所産」と出てきます。両方を合わせると、美術は「美的価値を創造・表現しようとする人間の活動のなかで、美的効果を目的として創造された造形品」と概ね理解することができます。

　では、英語ではどうかと*Oxford Learner's Dictionaries*でdesignを調べると、まず、"the general arrangement of the different parts of something that is made, such as a building, book, machine, etc."（建物、本、機械など、人工物のさまざまな部分の配置）と説明があります。確かにこれでは、絵や彫刻が機械や建築に代わっただけのように見えます。しかし、続く解説文の最後の方に"a plan or an intention"（計画または意図）との説明があります。意図をもった計画と解釈することができ、美的価値の創造を目的とする芸術とは異なるようです。

　私は、毎年4月、デザイン学部に入学したばかりの1年生達に「あなたにと

ってデザインとはなんですか？」との質問をしています。すると、以下のような面白い答えが返ってきます。

・利用する方が何を求めているのかを的確に理解し、解決するためにその想いを形にすること。
・人の暮らしや人生を支え、より豊かに、彩りを加えるもの。
・幅広いニーズに応えたものをつくり人と人をつなげてくれるもの。
・私たちの生活を豊かにする力があるもの。

　決して、模範的な回答だけを選んだわけではありませんが、デザインに対する認識が変わり始めていることの現れに感じます。
　芸術（アート）とデザインの違いについては、多くの見解がありますが、その多くに共通する両者の違いは以下のようになります。

　アート　　：創造すべき価値をそれ自体を目的として求め表現したもの。
　デザイン：解決すべき課題を自分の外（社会）に求め手段として表現したもの。

　しかし、私の一番好きな、そして毎年学生達に話しているアート（芸術家）とデザイン（デザイナー）との違いを表現した言葉は、絵本作家としても有名なブルーノ・ムナーリの以下になります。
　芸術家の夢は、美術館にたどり着くこと。デザイナーの夢は、市内のスーパーにたどり着くこと。
　　　　　　　　（『芸術家とデザイナー』ブルーノ・ムナーリ著／みすず書房　より）

エンジニアとデザイナー

　デザイン思考の実践をリードして来たIDEO社のホームページ[*]を見ると、デザイン思考に関して以下のような記述があります。

　"Design thinking is a human-centered approach to innovation that draws from the designer's toolkit to integrate the needs of people, the possibilities of technology, and the requirements for business success."
（デザイン思考は、デザイナーのツールキットを利用することで、人々のニーズ、テクノロジーの可能性、ビジネスの成功の要件を統合する、人間中心のイノベーションへのアプローチです。）

　デザイン思考は、デザイナーがデザインを行う時に用いる思考方法をビジネスや経営に活かしていくアプローチと説明されますが、まさにこの記述から来ています。

　最近では、デザイン思考についての本も多く出版されています。しかし、それらを読んだものの「よく理解できなかった」、「使いこなせなかった」と聞くことがあります。確かに、多くの本では designer's toolkit（デザイナーのツールキット）については詳しく説明されています。しかし、私はまず human-centered approach（人間中心のアプローチ）に注目してほしいと思います。
　一般にデザイナーというと、高度な造形力や色彩感覚などが注目されます。しかし、私はユーザーの気持ちに敏感に反応できる sensibility（感性）が大切であると思います。Sensibility には、喜びや悲しみといった情動的な刺激に反応する能力という意味があり、それは生まれつきの才能ではなく、だれで

も習得できるものと考えます。

　ユーザーの気持ちに敏感に反応するとは、どのようなことでしょうか。ケーキ作りなどに使用するハンドミキサーの開発を例に考えてみたいと思います。

　電気製品などの市場価格を表示する、価格com.*というサイトでハンドミキサーを調べると、市場は大きく、販売価格が6000円以下の廉価タイプと10000円以上の複数の差し替えパーツが付属した高級タイプに分かれているようです。ここで、電機メーカーの社員になって、高級タイプ市場に向けた新製品を開発するつもりでハンドミキサーを考えてみたいと思います。メンバーは、商品企画部門、技術部門、デザイン部門の担当者です。

商品企画部門

　競争力のある販売価格とスペックの兼ね合いを調達可能な原価から検討します。販売ルートの確保も大切ですが、まずはスペックと販売価格です。値段は安く、性能は良ければ良いわけですが、もちろん簡単には行きません。スペックは抑えながら価格で勝負。あるいはスペックは良いが値段も高いとするか。しばらくは、EXCELの画面とのにらめっこが続きます。

技術部門

　営業部門からはコストダウンの要求が来ますが、技術者のプライドにかけて安かろう、悪かろうといったものは作れません。省電力でパワーのあるモーターを開発した結果、回転音や振動も抑えることが可能になりましたが、サイズは一回り大きく、販売価格も上がります。性能が良ければ、値段は高く、サイズも少しくらい大きくても良いのではないかと考えますがデザイナーは納得しません。

＊1価格com：https://kakaku.com/

デザイン部門

商品企画部門からは「とにかくカッコ良くしてよ！」、技術部門からは「新しいモーターを使うから大きくしてよ！」と言われますが、「はいはい」と言ってすぐに考え始めるデザイナーはいません。まず、家電量販店に行って、店頭に並べられた各社の製品を見ることからはじめます。店頭でどのように見えるか。家庭のキッチンではどのように見えるだろうか。実際に握ってみた感じはどうだろうか、手のサイズに合うだろうか。スイッチは操作しやすいだろうか、といったことを考えながらスケッチを開始します。

以上は多少極端な例ですが、商品企画部門が求める目標は、販売価格とスペック、技術部門は性能となります。これらは、販売価格が12800円、コストダウン目標が1000円、定格時間が120秒といった数値目標として掲げることができます。

一方、デザイン部門の目標は、多くのユーザーに受け入れられるカッコ良さ、店頭での見栄え、キッチンのインテリアとのマッチング、操作性、および手にした感じの良さとなります。この内、手にした感じは、サイズや重さのバランスなどをもとにしたテスト結果があれば数値目標化も不可能ではありませんが、多くは感性的な指標や目標値となります。

ハンドミキサーがまだ一般家庭に普及していなかった時代であれば、多少値段が高くても性能が良ければ売れたかもしれません。また、最近の家電製品の中にはひと昔前の基準からすると信じられないくらい安い値段のものもあります。しかし、メーカー間の機能競争や、コストダウン競争が激しくなり、スペック上の差が無くなった結果、ユーザーはデザインやブランドイメージなど数値では表しにくい部分で自分に合ったものを求めるようになっています。

　同様の状況は、他の工業製品はもちろん、銀行や証券会社の取扱うサービスの開発などにおいても発生します。短時間に多くの顧客に対応できるよう効率を重視したいという目標は、数値で表すことが可能ですが、お客様に快適に過ごしてもらいたいという目標は、必ずしも数値だけでは表すことができません。

　Human-centered approachは日本語では"人間中心設計"ともいわれます。デザインを考える行為そのものが、数値やスペックではなく、ユーザーの気持ちを考える"人間中心設計"となるわけです。

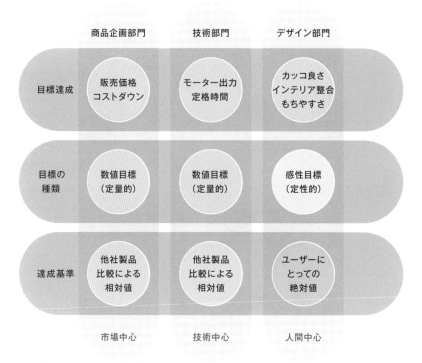

ハンドミキサーの開発における部門ごとの達成目標と達成基準

　ハンドミキサーのデザインを考え、自分でモデル制作まで行う授業でも、学生達は、まず市場調査やケーキ作り体験などを通してユーザーニーズをとらえることからはじめます。次に、自分の手で握り勝手を確認しながら発泡材のブロックを削り出し、最終的なサイズを決めることで、ユーザーの気持ちに共感したハンドミキサーを提案します。

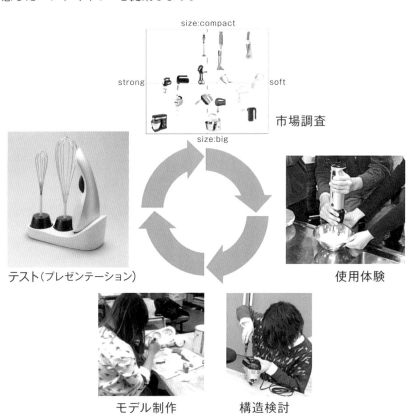

ハンドミキサーのデザインをテーマとした授業のプロセス

デザイナーは手で考える

　多くのユーザーに受け入れられるカッコ良さ、店頭での見栄えの良さ、キッチンやインテリアとのマッチング、および手にした時の感じなど、デザイナーがユーザーの気持ちに共感するために用いる手段は何でしょうか。

　デザイン思考では、ユーザーの発言や行動などから、ユーザーの気持ちを分析するために多くの分析ツールが使用されます。もちろんデザイナーもそのようなツールを用いて情報収集や分析を行います。しかし、その次に、実際にデザインを発想し具体化する段階では、スケッチや手作りのモデルなど、一般に表現技法とも呼ばれるスキルを活用します。

　40年以上も前のことになりますが、私が大学でデザインを学んでいた時、ヘアードライヤーをテーマに、数十枚のスケッチを描いてくる宿題が出されたことがありました。プロダクトデザイン教育において、スケッチスキルの修得はデザイン教育の土台として重視されます。そのため、コンピューターで綺麗な絵が描けるようになった現在でも、多くのデザイン系の大学では、1日で100枚ものスケッチを描かせる教育が行われています。

　その理由として、スケッチには、新たなデザインのアイディアの発想を促す効果のあることが指摘されており、多くのデザイナーに対するインタビューにおいても同様の回答が返ってきます。たとえば、「仮に意図したようにスケッチが完成しなかったとしても、それは新しい考えや創造性を刺激する糧となる[*]」との回答があります。これは、スケッチには、単にデザイン案の候補を表示するだけでなく、描く行為に自身にデザイナーの発想を促す効果があることを示しています。

▎* ジェイムス・M・アッタバーク：『デザイン・インスパイアード・イノベーション』株式会社ファーストプレス

　なぜ、スケッチを描く行為には、デザインの発想を促す効果があるのでしょうか。その理由として、絵を描く行為には、頭の中に浮かんだアイディアを目に見える形で表現(外在化)し、客観的に見ることができるようにすることがあげられます。

　外在化とは、心理学の用語で、心の問題を外側から捉えられるよう、カウンセラーとの面談で心配や不安の原因となるイメージを言葉にするなどして共有することと説明されます。それにより患者自身が心の問題を客観的に見ることができるようにする心理療法なのですが、まさにスケッチにも同じような効果があるようです。

　また、プロダクトデザインや建築など、立体物のデザインにおいては、自らの手でモデルを作る行為にもスケッチと同等、あるいはそれ以上の効果があります。小さな子どもたちは、公園の砂場で、大人から見るとどれも同じような形の山を作ります。しかし、その時、彼らの頭の中には大きな動物や自然の景色が広がっていることは、子どもの頃を思い出せば理解できると思います。

　先日テレビを見ていたら、ある興味深い実験の様子が映し出されていました。リズムに合わせて、早口でしゃべるように即興で歌うラッパーが手を、動かせなくなるように縛ったところ、歌が出てこなくなるという実験です。ラッパーも、頭に浮かんだイメージを、音楽に合わせた手の動きで外在化するというプロセスを通して歌に変換しているのかもしれません。

　スケッチやモデルには、アイディアを人に見せるという目的もあります。しかし、自分で手を動かして、それらを制作する行為には、"もやもや"として言葉で上手く表現できないイメージを外在化することで新たな気づきを得る効果があります。

**三線のデザインにおけるス
ケッチとモデル：**

　はじめにサムネイルと言わ
れる小さなスケッチ（上）を描
きながら、大まかなイメージを
検討します。次にデザインス
ケッチ（中）でデザインの詳細
を検討し、最後にモデル（下）
を制作します。

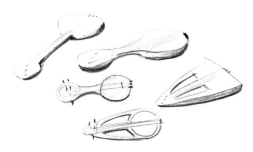

サムネイル

デザインスケッチ

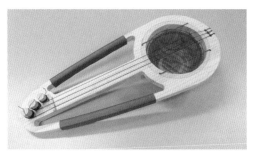

デザインモデル

2

デザイン思考

人間を中心に考え、手を動かしながら考える、デザイナーの発想方法をベースとしたデザイン思考が、なぜ今、注目されるのでしょうか。
本章では、デザイン思考の特徴と、その広がりについて考えたいと思います。

デザイン思考との出会い

　読者の皆さんのなかには、企業でデザイン思考の研修を受けたことがあるという方もいらっしゃるのではないでしょうか。現在、日本で一般的に知られているデザイン思考は、1990年代に、アメリカのデザイン会社であるIDEOによりDesign Thinkingとして実践されはじめたもので、デザイナーの思考方法をビジネス上のさまざまな課題解決に利用できるようにしたものと説明されます。

　1990年代の半ば、電機メーカーのデザイナーとしてアメリカに駐在していた私は、新しい情報機器のデザイン開発に際して、共同開発のパートナーとなるアメリカのデザイン事務所を探すべく、候補の一つとしてIDEO社を訪問しました。スタンフォード大学に隣接した、パロアルトのオフィスでは、デザイン思考の生みの親とも言われる、トーマス・A・ケリー氏、ティム・ブラウン氏とともに、インタラクションデザインの概念を提唱したビル・モグリッジ氏らとお会いすることができました。

　残念ながらIDEOは、情報機器について他の日本企業とのプロジェクトが進行中とのことで、共同プロジェクトは実現しませんでした。しかし、長い時間をかけて、当時はまだ知られていなかったデザイン思考の概念について、説明してくれたことは印象に残りました。

　当時、IDEOではプロダクトデザインやグラフィックデザインといった、従来のデザインの枠組を越え、人と機械、人とシステムとの対話に着目した、インタラクションデザインの概念が研究されていました。一足早く情報化時代に突入したアメリカでは、ユーザーの体験や経験に焦点をあてたデザインの新しいアプローチが研究され、デザイン思考も、そのような環境の中で新たな課題解決手法として研究が進められていました。

　日本の企業が、デザイン思考に関わり始めたのは、概ね2000年代に入ってからになります。その頃から、私の勤めていた電機メーカーでもGUI（Graphic User Interface）と言われるインタフェースや社会システムに関わるデザインの仕事が増えてきました。

　鉄道関係などの社会システムや医療システムのデザインでは、開発段階で、鉄道会社の従業員や医師の話は聞くものの、鉄道の利用者や病院の患者といった、最終ユーザーの声はなかなか聞くことはない環境での製品開発も多く行われていました。以前のように、単純な機能の製品であれば、ユーザーが操作に慣れるという発想もあったかもしれません。しかし、システムは複雑になり、利用者の体験そのものをデザインする必要が発生しつつありました。当時、日本では、デザイン思考に関する情報はまだ少なかったこともあり、ユーザー観察、分析、試作、テストといったプロセスを試行錯誤しながらデザイン開発を進めました。

　デザイン思考が得意とする、体験をデザインするという行為は、今では大規模なシステム開発に限らず、社会のあらゆる場面で必要とされています。

　2011年に発生した東日本大震災では、私の勤めていた会社が関わった発電所や浄水システムも被害を受け、地域と協力した復興プロジェクトにデザインチームも参加することになりました。被災地域の皆さんの話を伺い、復興に向けたさまざまな意見やアイディアを可視化する、デザイン思考を取り入れた活動は非常に高い評価を受けました。多様な意見を尊重し、重視する、これからの課題解決に向け有効な手法であることを、改めて確信する機会となりました。

デザイン思考：3つの要素

　デザイン思考については、現在、多くの本が出版されています。また、ネット上でも多くの解説や実践の事例を見ることができます。しかし、同時に、「デザイン思考は使えない」、「使いこなせない」といった書き込みを目にすることもあります。また、企業などで高い謝金を払って講師を呼んで、デザイン思考の研修会を開催したものの、新しい商品の開発などには結びつかず、その後デザイン思考は行っていないとの話を聞くこともあります。「テーマが難しかった」、「一回くらいの研修会でデザイン思考が使いこなせるわけがない」などいろいろな意見があります。しかし、私は、デザイナーがデザインを行うプロセスと同じといわれるデザイン思考の背景を十分に理解せず、教科書通りに進めたことも原因の一つではないかと考えています。

　私は、デザインを学ぶ学生達にデザイン思考を教える時、まず「デザイン思考の基本的なプロセスは、デザイナーがデザインを行うプロセスと同じ」と説明します。しかし、続けて、「本に書かれたプロセスをなぞるだけのデザイン思考で、デザイナーの思考方法を再現するのは難しい」との話もします。そもそも「デザイナーの思考方法」と言っても、世の中には、グラフィックデザイナーやプロダクトデザイナー、近年ではWebデザイナーなど、対象分野ごとに多くの専門性を持ったデザイナーが存在します。また、一般に個性が強いと思われるデザイナー達が、皆同じように考え、同じようにデザインをするわけがありません。

　では、デザイナーならではの思考方法とはどのようなものでしょうか。私はデザイン思考を進める上で、次の3つの要素を「多くのデザイナーが共通して、デザインを行う時、経験的に大切にしていること」として紹介したいと思います。

①　ユーザー目線の発想

多くのデザイナーは、まずユーザーの気持ちに
共感することで、ユーザーの目線で課題を発見し、
その解決策をデザインに反映させます。

②　手を動かしながら考える思考

多くのデザイナーは、頭の中で考え込むよりも
先に手や体を動かします。手を動かしてアイディア
を可視化し、それを見直すことで徐々に考えを
固めていきます。

③　協力して課題を進めるチームワーク

デザインの仕事の多くはチームで行われます。
メンバーの多様な視点と、豊富なアイディアの
共有が活動を成功へと導きます。

　デザイン思考では、次章以降に紹介する多くの分析や表現のための手法が
用いられますが、これらは、3つの要素を効果的に進めるためのものと考え
てください。

拡散と収束の流れ

　授業で学生達にデザインの課題を出すと、多くのアイディアを考えるものの、なかなか1案に収束することができず、期限が迫っても決められないという学生がいます。しかし、その一方で、最初に思いついたアイディアに固執してしまい、いつまでたっても次のアイディアが思い浮かばないという学生もいます。

　それぞれの個性をポジティブにとらえれば、前者はアイディアが豊富であるため、やがてそれまで誰も思いつかなかったようなアイディアに至る可能性があります。一方、後者は最初に思いついたアイディアの完成度を高めていくことで、最終的に素晴らしいアウトプットに至る可能性があります。

　しかし、優秀な学生の多くは、最初に多くのアイディアを考えた後、友人達にそれを見せ、意見を聞きながら絞りこみを行います。そして、その段階で得た多様な意見や感想を取り込むことで最終のデザインにまとめるなど、上手にアイディアを拡散、収束させます。

　デザイン思考のプロセスは、**共感（empathize）**、**定義（define）**、**発想（ideate）**、**プロトタイプ（prototype）**、**テスト（test）** の5段階からなります。これは多くの情報を集めることでユーザーなどの対象者の気持ちに共感する（拡散）。集めた情報を分析するなかで、時に対象者自身も気づいていない重要なニーズを発見することで方向性を定義する（収束）。定義した方向性の実現に向けて、多くの案を発想（拡散）し、最終的に最適な案に絞り込む（収束）。絞り込んだ案の具体的なイメージを、プロトタイプを作って確認するとともに、対象者に見せて評価してもらう、といったアイディアの拡散と収束を繰り返すプロセスと説明できます。

　USBメモリのデザインを考える課題を例に、デザイナーが行う拡散と収束

の例を考えてみたいと思います。手軽に大容量のデータの持ち歩きや受け渡しができるUSBメモリも、最近はかなり安価に購入できるようになりました。しかし、購入に際してはデザインを重視して選ぶ人も多いと思います。下の図に、USBメモリのデザインを考えてくるように言われた学生が、スケッチを描きながら考えていることを吹き出しで表現してみました。

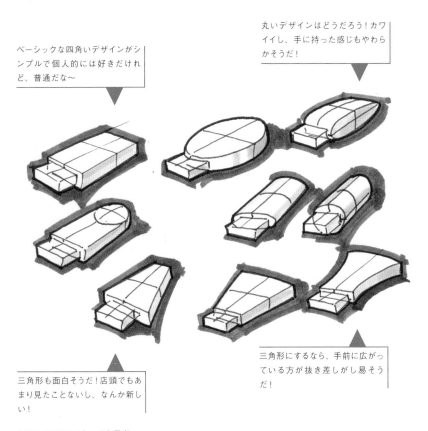

丸いデザインはどうだろう！カワイイし、手に持った感じもやわらかそうだ！

ベーシックな四角いデザインがシンプルで個人的には好きだけれど、普通だな〜

三角形も面白そうだ！店頭でもあまり見たことないし、なんか新しい！

三角形にするなら、手前に広がっている方が抜き差しがし易そうだ！

USBメモリのスケッチと思考

　自分自身もUSBメモリのユーザーである学生は、これまでの経験や友人達の意見を集めることで(拡散)ユーザーの気持ちに"共感"し、解決策としてのデザインを考え始めます。まず、「永く使用しても飽きないシンプルなデザイン」、「抜き差しがしやすいデザイン」をデザインの方向性として"定義"(収束)しました。

　次に、左上の四角いスケッチを描いた後「丸いデザインはどうだろうか？」など"発想"を広げながら"プロトタイプ"としてのスケッチを描きます(拡散)。その後、自分でも見返しながら、友人達に、どのデザインが良いか聞くなど評価("テスト")してもらい、最終的には最後に描いた右下の案をベースとした下の図に示したデザインに決定(収束)したようです。

　スケッチを見ながら自分がUSBを抜き差しする様子をイメージすることで、後ろに向かって緩やかな台形状に広がる形状とし、鋭角となる後ろ側の角には面取りと言われる小さなカットを入れることで、「角が手に刺さって痛い」ということもないデザインに仕上げました。

最終案のスケッチ

　また、デザイン思考で大切な3つの要素である、①ユーザー目線の発想、②手を動かしながら考える思考、③協力して課題を進めるチームワークもこの5段階に当てはめて説明することができます。

共感：

　大勢の対象者の意見を聞き、ユーザーのニーズや問題点を共有することで共感します。← ①ユーザー目線の発想

定義：

　共感のプロセスで明らかになったさまざまな情報から、最も重要なユーザーのニーズや問題点を明確化し定義します。←①ユーザー目線の発想

発想：

　チームで協力して多くのアイディアを発想することで解決策を考えます。←③協力して課題を進めるチームワーク

プロトタイプ：

　スケッチを描く、モデルを作るといった作業を通して、解決策に向けアイディアを具体化します。←②手を動かしながら考える思考

テスト：

　具体化された案を想定されるユーザー等に評価してもらい、必要に応じて修正します。←①ユーザー目線の発想

　誰にでも「1案に絞れなかった」、「1つのアイディアに固執してしまった」、「グループワークなどでお互いに気を遣ってしまい、案がまとまらなかった」という経験もあると思います。デザイン思考の発散と収束の繰り返しは、このような「迷い」を抑制し、クールに開発を進めるプロセスともいえます。

広がるデザイン思考

　2018年5月、「『デザイン経営』宣言」という政策が経済産業省と特許庁から共同で提言されました。特許庁のホームページに公開されている、産業競争力とデザインを考える研究会による「『デザイン経営』宣言」[*]報告書によると、デザインについては「企業が大切にしている価値、それを実現しようとする意志を表現する営み」、デザイン経営については「デザインを企業価値向上のための重要な経営資源として活用する経営」と定義されています。

　また、「デザイン経営」と呼ぶための必要条件として、① 経営チームにデザイン責任者がいること、② 事業戦略構築の最上流からデザインが関与すること、の2点があげられ、そのための高度デザイン人材の育成として以下が書かれています[*]。

　　企業・大学等において、事業課題を創造的に解決できる人材（高度デザイン人材）の育成を推進する。

　　企業においては、ビジネス系・テクノロジー系人材がデザイン思考を、デザイン系人材がビジネス・テクノロジーの基礎を身につけるための研修などを実施するとともに、専門領域の異なる人材同士が創造的に課題を解決するプロジェクトやワークショップなどを導入する。

　　ビジネス系・テクノロジー系大学においては、デザイン思考のカリキュラムや芸術系大学との連携プロジェクトなどを、芸術系大学においては、ビジネスおよびテクノロジーの基礎を身につけるためのカリキュラムやデザイナーとしての実践的能力を向上させるための産学連携プロジェクトなどを実施する。

　以上から経済産業省と特許庁が提言する、これからの企業活動に求められる人材は、「デザイン思考」を理解し実践できる人材であることがわかります。

1.https://www.jpo.go.jp/introduction/soshiki/design_keiei.html
2.https://www.meti.go.jp/press/2018/05/20180523002/20180523002-1.pdf

「『デザイン経営』宣言」の中に書かれた、従来のビジネスとデザイン経営による新しいビジネスの違いを、私なりにまとめてみました。従来のビジネスは、課題を論理的にとらえ解決策を導き出すのに対して、デザイン経営による新しいビジネスは、課題を利用者目線でとらえることで解決策を導き出すデザイン思考的な発想となります。

	従来のビジネス（経営）	新しいビジネス（デザイン経営）
開発	それまでの成功事例をベースとした商品開発→改良型	これまでの常識が変わるほど社会を大きく動かす新たな概念→イノベーション
方法	物事を理論的にとらえ、順を追って正解を導き出す	社会のニーズを利用者視点で見極め、新しい価値に結びつける
発想	ビジネス、テクノロジー思考	デザイン思考

デザイン経営による新しいビジネス

　なお、特許庁のホームページ*には、BUSINESS PERSON'S GUIDE TO DEESIGN DRIVEN MGMT.(デザインにぴんとこないビジネスパーソンのための"デザイン経営"ハンドブック）とのタイトルのハンドブックが公開され、デザイン思考の生みの親であるトーマス・A・ケリー氏へのインタビューも掲載されています。

　そこには、デザイン思考は、複雑化する社会やビジネス環境に対応したものであること、課題解決のみならず課題発見に対しても有効な手法であること、そのために相手の立場に立って「共感」することが大切であることなどが書かれています。ぜひ読まれてはいかがでしょうか。

https://www.jpo.go.jp/introduction/soshiki/document/design_keiei/handbook_20200319.pdf

　デザイン思考は、企業の商品開発などに使われるもので、自分には関係ないと感じる方も多いと思います。しかし、試しにネットでDesign Thinking Elementary Schoolと入力し検索してみてください。アメリカではデザイン思考は小学校の授業でも使われるほど一般化していることが分かります。

　また、日本でも近年、生徒たちによる主体的なグループワークを重視した、アクティブラーニングといわれる対話的な授業スタイルが小学校や中学校でも取り入れられ始めています。アクティブラーニングの内容はかなりデザイン思考に近いものです。文部科学省が推奨するアクティブラーニングの考え方[*]から、デザイン思考で大切な3つの要素と一致するものを抜き出してみました。

　教師からの一方的な講義で知識が与えられるのではなく、子ども達の目線で、興味ある課題を取り上げて調べる学習法。

➡ **ユーザー目線の発想**

　黒板に書かれた内容を覚えるのではなく、自分で考え、付箋に書いたキーワードをボードに貼ったり、貼り換えたりしながら徐々に考えを固めていく学習法。

➡ **手を動かしながら考える思考**

　グループの仲間と協力して、テーマについて調べ、考えることで、メンバーの多様な視点と、豊富なアイディアに触れる学習法。

➡ **協力して課題を進めるチームワーク**

アクティブラーニングの視点と資質・能力に関する参考資料：https://www.mext.go.jp/b_menu/shingi/chukyo/chukyo3/061/siryo/__icsFiles/afieldfile/2016/03/03/1367713_2_2.pdf

マインドマップを用いた自己紹介

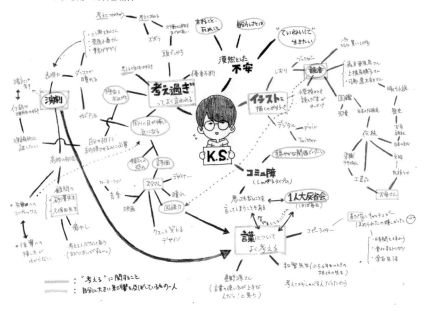

アクティブラーニングが推奨される背景には、近年急速に多様化する社会の変化に適応するために自ら主体的に行動したり考えたりすることのできる人材の育成が求められることがあげられます。同様に、デザイン思考も、急速に発展するテクノロジーや、多様化するビジネスの変化に適応する課題解決手法として発展してきたものです。

　デザイン思考に用いられる各手法は、日常生活のさまざまな場面で活用できます。仲間でイベントを企画するとき、「さまざまな意見を分類し議論を前向きに進める」、「来場者への対応方法を時系列に沿って整理する」といった、ともするとこれまで経験を頼りに行っていた議論や作業を、効率的にすすめることができる手法やフォーマットが多く準備されています。

　テーマを中心に、関連したものを連想ゲームの要領で書き出すマインドマップという手法があります。学生達はこれを履歴書作成に応用し始めました。大学でデザインを学ぶ相馬果枝さんも、紙の中心に自分を描いて、好きなこと、興味のあること、影響を受けた人などを書き出しました（上図）。マップの制作を通して、自分のアピールポイントが見えてきたようです。

3

デザイン思考のトリセツ

デザイン思考では、共感、定義、発想、プロトタイプ、テストに向けて多くの手法が準備されています。

本章では、そのなかでも代表的な 18 の手法をとりあげ、それぞれ 3 ステップで活用できるように紹介します。

実践 CARDs

　3章では、デザイン思考における共感、定義、発想、プロトタイプ、およびテストの5段階のプロセスに、各段階に共通する運営の手法を加えた、18の代表的な手法を紹介します。

　各手法はそれぞれ左側のページに目的、概要、および使用事例、右側のページに実践CARDsの3ステップに従った実践方法を紹介します。

　54枚の実践CARDsは、下のQRコード、もしくはURLにある本書のサポートページからダウンロードできます。スマートフォン用のアプリとして、画面をスクロールしながらステップを追える形式と、印刷データをダウンロードし、自宅のカラープリンター等で印刷してカードとして使用できる2種類の形式があります。

　また、本書の183～202ページにも、54枚の実践CARDs（各表面、裏面）を掲載しました。使い方は184ページに記載しましたが、この3章とあわせてお読みいただくと、より理解が深まります。

　本書で各手法の概要を理解したら、実践CARDsを手に課題解決に向けたワークショップなどに活用ください。

https://www.tokyo-shoseki.co.jp/books/downloadpage/designthinking/

スマホアプリとして

カードとして

デザイン思考の流れ

　スポーツチームの監督が、メンバー全員が頑張っている中から、レギュラー選手を選ぶのは大変なことだと思います。しかし、日ごろの練習でのパフォーマンスや過去の練習試合での成績、あるいは、ムードメーカーとなる選手も入れるといった基準を設けることで、勝利に向けたメンバー構成を行っているかもしれません。

　前章で説明したように、デザイン思考のプロセスは、共感、定義、発想、プロトタイプ、およびテストの5段階に分かれます。このプロセスを監督の選手選びに当てはめると、

共感：各選手の実力、練習量、熱意などを多角的な視点から把握
定義：チームに求められるベストメンバー選定基準の決定
発想：具体的なメンバー選定やフォーメーションの考察
プロトタイプ：メンバー配置や作戦のシミュレーション
テスト：練習試合

と説明することができます。デザイン思考では、各プロセスの目的に合わせた分析手法など、多くの手法（ツール）が使用されます。それらの多くは、デザイン思考で使用される以前から、ビジネスの課題解決手法として使用されていたものも多く、一見複雑なものごとの関係性を整理し、可視化することができます。そのため、これらの手法を用いた分析結果は、そのままプレゼンテーション用のビジュアル資料として活用することも可能です。

　スポーツチームであれば、これらの手法を活用することで、メンバーのパフォーマンスや、過去の試合での反省点を分かりやすく分析し解説するために役立てることもできそうです。

本章では、デザイン思考で用いられる手法のなかでも良く使用される、代表的な18の手法を紹介します。

各手法は、デザイン思考の5段階のプロセスの比較的よく使われるところで紹介しますが、そこでしか使えないということはありません。

各手法の説明ページの右端に、活用できるプロセスを表示してありますので、参考にしてください。

共感
・観察
・インタビュー
・アンケート
・共感マップ

Empathize

定義
・マインドマップ
・カスタマージャーニーマップ
・サービスデザインマップ
・ペルソナ

Define

発想
・ブレインストーミング
・ポジショニングマップ
・コラージュ
・絵コンテ

Ideate

プロトタイプ
・スケッチ
・プロトタイプ（モデル）

Prototype

テスト
・プレゼンテーション

Test

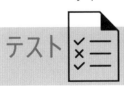

運営のための手法
・ファシリテーション
・チームビルディング
・グラフィックレコーディング

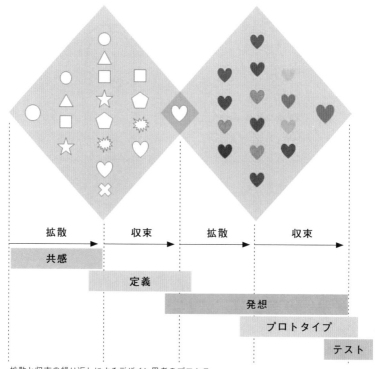

拡散と収束の繰り返しによるデザイン思考のプロセス

　デザイン思考の5段階のプロセスは、拡散と収束の繰り返しによるプロセスと説明することができます。

　上の図の共感では、ユーザーなど対象者に共感することで、“○、△、□”など、さまざまなニーズを把握します（拡散）。定義では、ユーザーの要求を見極め真のニーズである“♡”を定義し（収束）、発想では、さまざまな“♡”を検討します（拡散）。さらに、プロトタイプで確認することで“ピンクの♡”を決定（収束）します。最後に、それを対象者にテストしてもらい確認します。

デザイン思考のプロセスは、プロジェクトの目的などによっても変化します。以下に、代表的なプロセスの例を示しますが、拡散と収束を繰り返すという基本的な考え方に変わりはありません。

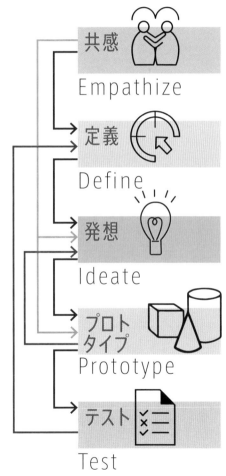

フルコースのプロセスになります。ターゲットとなるユーザーなど対象者への共感、解決すべき課題の発見と定義、課題解決に向けた発想、発想された解決案のプロトタイプを作成し、最後に評価へと進みます。

たとえば、企業による一連の関連した商品開発など、解決すべき課題や基本コンセプトなどがすでに設定されている場合は、プロジェクトの開始後、ただちに発想に進むこともあります。

最終的なテストにおいてターゲットユーザーなどの反応が良くなかった場合、定義のプロセスまで立ち戻る必要があります。また、発想とプロトタイプは何回も繰り返されることもあります。

まずは共感しよう

　日常の会話で「あなたに共感する」と言えば、「あなたに同意する」、「その通りだと思う」といった意味になります。デザイン思考における共感(Empathize)も基本的な意味は同じですが、「その人になりきって、あるいは体験を共有することで同じような感情を持つ」といった、もう一歩踏み込んだ状態での共感を意味します。

　たとえば、新しい玩具のデザインを考えるとき、大人であるデザイナーが面白いと思ったり、何十年も前の自分の子どもの頃の思い出を参考にするだけでは、子どもが喜んで遊ぶ玩具が提案できるとは思えません。

　まずは、実際に子ども達が玩具で遊ぶ様子を観察し、どんな時が一番楽しそうにしているか保護者にインタビューすることが必要です。さらに、保育園の先生達にアンケートをお願いして、危険なところ、注意した方が良いことを確認することも必要かもしれません。子ども達に直接聞くということも考えられますが、なかなか質問趣旨をくみ取った答えは返ってはきません。しかし、楽しそうに遊んでいるときの発言や行動から、彼らの気持ちを推測することはできるかもしれません。

　共感のための手法を駆使することで、子ども達が楽しいと思う気持ち、親のしっかりと育ってほしいと思う気持ち、保育園の先生達の安全に遊んでもらいたいという気持ちを多く知り、子ども達の気持ちになりきることが共感に繋がります。

共感のための手法

　誰かが、喜んだり、悲しんだりしているとき、自分も同じような経験をしたことがあれば、心から共感することもできます。しかし、デザイン思考で課題解決に取り組むとき、取り扱うテーマによっては、専門的な知識や経験など踏まえて同じ体験をするのは不可能なこともあります。共感のための手法は、見てみる、聞いてみる、推測してみることで、いかにユーザーなど対象者の気持ちや感情に共感できるかを目的に活用します。

①観察（見る、聞く）
　　行動や発言を注意深く見たり聞いたりすることで、共感のための情報をなるべく多く集めます。

②インタビュー（聞き出す）
　　相手の話を直接聞き、気持ちに寄り添うことで共感します。

③アンケート（推測する）
　　同時に多くの意見を集めることができます。

④共感マップ（共感する）
　　対象者の発言や行動から気持ちや感情を推測します。

　これらの手法の活用にあたって大切なことは、自分の経験と照らし合わせることで、フィルターをかけてしまわないことです。複数のメンバーで情報を共有しながら、新鮮な気持ちを持って対象者の気持ちに共感するように努めることが大切です。

観察

　ユーザーなど、対象者の気持ちに寄り添い、共感するために、行動や発言を注意深く見たり聞いたりします。ちょっとした発言や行動の中に、ともすると対象者自身も気づいていない課題やニーズがあるかもしれません。

　観察中は、集中することが大切です。どうしてそのような行動になったのかなどは考えずに、見たこと、聞いたこと、気づいたことを記録します。

　対象者の様子を見ながら、

①何（どんな動作）をしているか？

②誰かと話をしたり、何かの操作などをしているか？

③年齢や服装、場所や状況はどうか？

など書き出してみましょう。

　授業では、大学生達はYouTube動画にあげられた避難訓練の映像を見ながら観察の練習をしました。観察結果を見るだけで、避難訓練の様子が目に浮かぶように記入することが大切です。

　観察結果を記入するための、特別なフォーマットはありません。授業では動き、人と人やモノとの関係（インタラクション）、周囲の様子（環境）に分けて記入しました。

動きに注目しよう	インタラクションに注目しよう	人・モノ・空間に注目しよう
音に反応して動きが止まった後、ほとんどの集団が一斉に運動場から校舎に駆け込んだ。	学校内に向かう集団と運動場にとどまる集団で分かれていた。	ジャングルジム、滑り台で遊んでいた高いところから見下ろせる視点にいた子たちは多数の人が建物内に駆け込むのを見て動いた……？
音の鳴り始めの時は動きが止まる児童が多い。ほとんどの児童が奥の方へ行く。	声を掛け合ったりしていた児童は多くなかったが、児童同士集まっていきだいたい奥の方向へ走っていった。	小学生がたくさん運動場にいた奥はおそらく校舎。

避難訓練映像の観察結果

1．動きに注目しよう

まず、人やモノの動きや流れに注目します。

・歩いているか、走っているか？

・何かを見たり、聞いたりしていないか？

・車や電車は走っていないか？　など

動くものすべてに注目します。

なぜだろう？　どうしてだろう？　などは考えず、

見たまま、聞いたままを記録します。

2．インタラクションに注目しよう

　人と人とのコミュニケーション、何かを操作するな

ど、人とモノとのインタラクションに注目します。

　話をしている　➡　誰と、どのように？

　操作をしている➡　何を、どのように？

など、細部まで観察します。

3．人・モノ・空間に注目しよう

　周囲の状況、空間、そこにあるモノなどにも注目

します。

　遠くに誰か立っていないか？　家具や備品は置か

れていないか？　屋内か、屋外か？　昼か、夜か？

季節は？　など、可能な限り多くの情報を把握しま

す。

インタビュー

　対象者の意識を理解することで気持ちに寄り添い、共感するために、経験や意見、感じていることなどを、会話を通して聞き出します。

　直接会話を交わすことで、それまで意識しなかった自らの気持ちへの気づきに繋がることもあります。対面方式にかぎらず、最近手軽にできるようになった、オンライン形式でのインタビューも有効です。

　インタビューでは、いかに回答者にリラックスしてもらい、気持ちを引き出せるかが大切です。回答者と挨拶を交わした瞬間から、インタビューは始まっています。そのために、事前に、挨拶の言葉も考えておくと良いです。

　また、事前に質問内容を考え記入したインタビューシートを準備しておくことも大切です。回答者にとって答えやすい質問、答えにくい質問を意識し、質問の順番を考えます。

　インタビューシートに決まったフォーマットはありませんが、事前に記入しておく質問欄と、回答内容を記入するための記入欄を設けておきます。

インタビューシートの例

1．対象者を決めよう

まず、誰にインタビューするか考えます。

専門家か、一般の消費者か？　男性か、女性か？高齢者か、若者か？

インタビューの目的によりターゲット層を定めますが、もちろん幅広い層に聞くという方法もあります。

共感
Empathize

2．質問の内容を考えよう

回答者が決まったら、下の表を参考に質問の内容を考えインタビューシートを準備します。

経験から開始し、徐々に意見を聞き出す方向で質問を組み立てていくと答えやすくなります。

また、回答に応じて、臨機応変に新しい質問を考えられるよう準備しておくことも大切です。

3．結果を共有しよう

インタビュー結果については、自分の経験に当てはめた思い込みによる解釈をさけることが大切です。

チームのメンバーと回答を共有し、一緒に分析し解釈するようにしましょう。

答えやすい質問	答えにくい質問	注意が必要
経験や行動を聞く（何をしましたか？　みましたか？　など）	意見・価値観を問う 気持ちを問う Yes-No を問う	知識を問う 個人情報を聞く 「なぜ」を繰り返す
質問は一度に1つ（同時に2つ以上のことを聞かない） 言葉づかいに注意（あいまいな表現を使わない）		

回答者にとって答えやすい質問、答えにくい質問

アンケート

　比較的短時間で大勢の意見を集めることができるため、対象者の意識を定量的に把握することができます。

　しかし、効果的な質問を考えるのは想像以上に難しく、質問票の出来が調査の成果を左右することもあります。まず、以下を参考に対象者や質問の内容を考えてください。

　①なぜアンケートを行うのか？

　何が知りたいか、なぜ知りたいかを整理しましょう。コミュニケーションが質問票に限られるアンケートには限界があることも理解して活用しましょう。

　②そのためには誰に聞くのが良いか？

　それに詳しい人が良いか？

　素人の意見が有効な場合もあります。

　③それにはどのような質問が良いか？

「××は好きですか？」

「××はどのくらい好きですか？」

「なぜ××が好きなのですか？」

　④答えたい気持ちになってもらえるか？

　質問が多すぎたり、単調だとモチベーションが下がります。

	😃	😐	😣
なす	✔		
きゅうり		✔	
にんじん			✔
たまねぎ	✔		
とまと		✔	

イラストを多用したアンケートシートの例

　⑤終了後、どのように分析するのが良いか？

　分析の方法を前提に質問を考えるのも良いかもしれません。

　文章で聞くだけがアンケートではありません。

　たとえば、対象が子どもの場合、右上のようなイラストを多用したアンケートシートの方が上手に意見を聞き出すことができるかもしれません。

　また、最近では紙のアンケートに限らず、WebやSNSのアンケートを活用することで、手軽に大勢の意見を聞くことも可能になりました。

1．質問の内容を設定しよう

> ● アンケート ●
> STEP 1
>
> **質問の内容を設定しよう**
>
> POINT
> アンケートの
> 目的に合わせた質問
> 相手に合わせた質問

アンケート調査では回答者の顔は見えないため、回答する立場に立って考えることが大切です。冒頭にアンケートの目的などを書いた挨拶文を入れておくのも良いでしょう。

質問項目について、特に、一般の人に回答をお願いする場合は難しい専門用語が入っていないかもチェックしましょう。

2．適切な回答形式を選ぼう

> ●● アンケート ●●
> STEP 2
>
> **適切な回答形式を選ぼう**
>
> POINT
> 選択式（はい、いいえ）
> 段階評価（1，2，‥）
> 自由記述

選択式：好き・嫌い、人気の度合いなどを数値で知ることができます。

段階評価：サービスにおける接客、品揃え、値段など複数の項目の比較に有効です。

自由記述：実態を把握し、改善につなげるための検討などに有効です。

3．順番やレイアウトを工夫して作ろう

> ●●● アンケート ●●●
> STEP 3
>
> **順番やレイアウト
> を工夫して作ろう**
>
> POINT
> 退屈しない工夫
> 回答時間、質問の順番
> 見た目の工夫

同じような質問が続くと退屈するため、質問の順番にも注意しましょう。

人が集中して一つの作業に集中できる時間は15分ほどと言われています。15分以内で回答できるように準備すると良いです。

高齢者にアンケートをお願いするときは、大きな文字で印刷するなど配慮も大切です。

共感マップ

　共感マップは、観察の対象者や設定したユーザーの発言（Say）、行動（Do）を記述することで、何を考えているか（Think）、どのように感じているか（Feel）を考え、何にストレスを感じているのか、何を必要としているのか、その時、対象者はどんな気持ちだったのだろうかなどの潜在的なニーズを探るためのマップです。

共感マップの練習

　学生達と、「マスカレード・ホテル」という東野圭吾さんの小説の映画化作品のワンシーンを見ながら共感マップを描いてみました。

　ホテルの爆破予告を受け、木村拓哉さん演じる刑事がホテルマンになって潜入捜査を行いますがなかなかうまくいきません。態度の悪い客に切れそうになった時、長澤まさみさん演じる指導員役のホテルスタッフが間に入って謝るシーンを共感マップにしました。

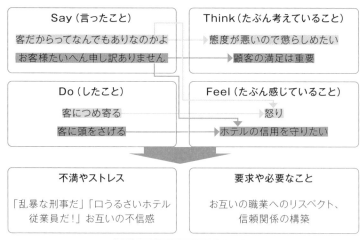

刑事の Say と Do、ホテルスタッフの Say と Do からの共感マップ

＊共感マップについては132頁でも説明します。

1．言ったことは？　したことは？

　観察対象者の発言や行動を正確にとらえます。また、想定されるユーザー像などを対象に行う場合は、普段、よく行うと考えられる発言や行動を書き出します。

「どこを見たか？」「手は動いていたか？」

など、細かな点にも注意します。

「発言や行動には必ず理由がある！」との思いを持って取り組みましょう。

2．感じていることは？　考えていることは？

　対象者の発言や行動から、

・なにを感じているのか？

・どのように考えているのか？

を推測します。

　大切にしていることや、本当はどうしたいのかなど、直接口に出していないことでも、どのように考え、感じているのかを見極めます。

3．何が不満？　何が必要？

「言ったこと」、「したこと」から推測された「考えていること」、「感じていること」から「何が不満なのか？」「何が必要なのか？」といった潜在的な問題点を見極め、その理由や解決策を考えます。

　自分の過去の体験や常識などのバイアスを外し、チームとして冷静に判断します。

課題を明確に定義しよう

　国連の世界保健機関（WHO）の定義では、65歳以上の人のことを高齢者としているように、定義とは、一般に物事の意味や内容を他と区別できるように意味づけすることを指します。

　それに対しデザイン思考における定義は、ユーザーなどの対象者が欲していることはなにか、業務プロセスのどこに問題があるのかなど、共感のプロセスで明らかになったさまざまな事柄から、真のニーズや問題点といった発想のフェーズに向けた着眼点を探り出す（定義する）ことになります。

　新しい飲食店を出店したいと考えている企業から「あなたはどんな店で食事をしたいですか？」と突然質問され、すぐに答えられる人はあまりいないと思います。

　安くておいしい店、インテリアがお洒落な店、インスタ映えのする店などいろいろなイメージが浮かびますが、なかなか「これだ！」という答えは思い浮かびません。ところがある日、友人に紹介された、ちょっと古くて狭いけれど、どこか懐かしさを感じるような店に入るなり「これだ！」と感じることがあります。

　なぜそのように感じたのでしょうか？　きっと、普段は本人も気づいていないニーズがあり、それと合致したと考えることができます。このような、本人も意識していないような潜在的なニーズを探り出すことで、解決すべき課題を発見することが定義のフェーズの大切な目的になります。

定義のための手法

　解決すべき課題を探り出すと言っても、本人も気づいていないニーズを探り出すのはなかなか大変そうです。しかし、定義のための手法は、対象者の行動や日頃考えていることを書き出すことで、クールに分析するための手助けをしてくれます。

　課題に関係するさまざまな要素やアイディアを連想しながら繋げてみる、対象となるユーザーの行動を整理して描き出すといった手法を駆使することで、潜在ニーズの発見などに結び付けることを目的に活用します。

定義

Define

①マインドマップ

　課題の中心に連想ゲームの要領でキーワードを描き足すことで関係を視覚化します。

②カスタマージャーニーマップ

　経験を時間軸に沿って書き出すことで分析を容易にします。

③サービスデザインマップ

　対象者の行動を中心に、時間軸に沿って周りの人達との関係性を書き出すことで分析を容易にします。

④ペルソナ

　典型的な対象者を示すことで課題を共有します。

マインドマップ

　テーマを中心に、関連するさまざまな要素を記入し、関係性を描き出すことで、グラフィカルに表現します。共感、定義、発想のさまざまな場面での活用が可能であり、また、デザイン思考に限らず幅広く活用できる大変便利な分析手法です。書き出したアイディアや要素を線でつなぎ合わせることでテーマの構造や関係性が可視化され、問題点の発見や新たな気づきを得ることができます。

　下図は、子どものトラブルをテーマに大学生が描いたマインドマップです。まず、中央にテーマである「トラブル」を書いて丸で囲みます。次に、放射状に線を引きながら、トラブルの発生場所となる「家」、「SNS」、「学校」を書き出しました。家からはトラブルの相手となる「親」や「兄弟」、学校からは「先生」や「友達」といったキーワードが思い浮かんだようです。

　さらに、関連して思いついたキーワードを書き出し、ある程度増えたところで全体を眺めます。「取り合い」が「家庭」と「学校」両方にあることに気づき、線で結びながら原因を考えました。ここでは、コミュニケーション不足に原因があると考え、改善に向けた方法を考え始めたようです。

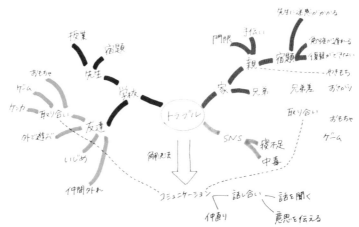

子どものトラブルをテーマとしたマインドマップ

1．用紙の中心にテーマを書こう

　紙の中央にテーマを書き、丸で囲みます。テーマはキーワードで書くことが多いですが、自己分析を目的としたものであれば自分の顔を描く、旅行をテーマとしたものであれば飛行機を描くなど、イラストにすることでイメージが広がりやすい場合もあります。

共感
Empathize

定義
Define

2．連想した事柄を自由に描き足そう

　中央から放射状にのびる線を引き出しながら、テーマから連想して思いついた事柄について、キーワードや簡単なイラストを用いて描き足します。

　さらに関連して思いついたキーワードを追加します。新たな事柄を思いついたら、テーマに戻って、新たな線を引き出し記入する作業を繰り返します。

発想
Ideate

3．要素を結び付けて関係性を視覚化しよう

　全体を眺めながら関係性を確認し、関連する要素が見つかった場合は、新たな線で結び付け全体の関係性を視覚化します。事柄ごとに線の色を変えるなど、ビジュアルも工夫すると一層分かりやすくなります。

カスタマージャーニーマップ

　顧客（カスタマー）の体験を旅行（ジャーニー）にたとえて記述するマップです。「ユーザーエクスペリエンスマップ」とも言われ、対象者（ユーザー）がどのように周りの人やモノと接点を持つことで、認識、判断に至ったかといった経験（エクスペリエンス）に沿って行動や心理を時系列的に可視化します。

　レストランでの食事をカスタマージャーニーマップにしてみました。

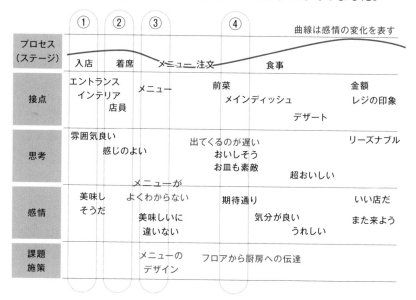

①店の入り口で、何が目に入りましたか？
　それを見てどう思いましたか？
　何を感じましたか？

②席に通されて、何が目に入りましたか？
　それを見てどう思いましたか？
　何を感じましたか？

③メニューを見て、何が目に入りましたか？
　それを見てどう思いましたか？
　何を感じましたか？

④料理が運ばれてきて、何が目に入りましたか？
　それを見てどう思いましたか？
　何を感じましたか？

　メニューや食事の運ばれるタイミングに対する思考から、メニューのデザイン、フロアから厨房への伝達についての課題が浮かび上がりました。

＊カスタマージャーニーマップについては134ページでも説明します。

1．体験を横軸に書き出そう

対象者（カスタマー）の体験をプロセス欄に、左から右に向かって時系列に書き出します。

この体験が、分析の対象者が、あるサービスを体験する間にたどるあらゆるステージを明確にし、そこからどのように感じたかなどの洞察を得るためのベースとなります。

2．その時の気持ちを縦軸に書き出そう

体験に沿って縦軸方向に、

接点：誰かと話をする、何かをするなど対象者の
　　　体験に関わる（接する）場や状況

思考：その時、考えたこと

感情：その時、感じたこと

を書き出します。

プロセスの欄に書いた体験における接点、経験する思考、感情を記入することで関係を可視化します。

3．感情の変化をグラフに描き出そう

感情の変化を、気分が良くなると上、悪くなると下になるグラフの要領で線を引いて視覚化します。

最後に、プロセス、接点、思考、感情欄を見比べながら問題点や解決策を考え、課題・施策欄に記入します。

共感 Empathize

定義 Define

サービスデザインマップ

　サービスデザインマップは、カスタマージャーニーマップの応用版ともいえるもので、対象者だけでなく、その体験に関わるすべての関係者の行動と相互の関係性を表します。

　関係者の行動を一覧に表すことで、各プロセスにおける連携の必要性や、コミュニケーション不足による問題点などを発見することができます。

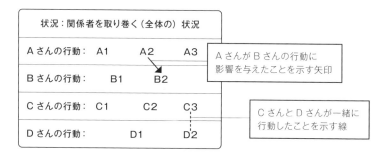

　授業では、鉄道好きな人達が動画サイトにアップしている、電車の運転士や車掌らの動作を写したビデオを見ながらサービスデザインマップを作成しました。関係者の連携をマップにして比較した結果、JRや私鉄の各社によって安全確認の手順などが異なることがわかりました。

状況	間もなく駅に到着	到着		出発
乗客	アナウンスを聞いて準備　ドアの近くに移動	下車		ホームの階段に向かって歩く
運転士	減速	到着		信号等安全確認　合図確認 ▶ 発車動作
車掌	駅名アナウンス	ドア開く　降車・乗車確認	出発ベルを鳴らす	安全確認　ドア閉める ▶ 運転士に合図
駅員	列車到着アナウンス　安全確認	駅名アナウンス　発車アナウンス	安全確認	安全確認 ▶ 車掌に合図

＊サービスデザインマップについては136頁でも説明します。

1. 対象者の行動を横軸に書き出そう

サービスの対象となる対象者を取り巻く状況の変化や行動をカスタマージャーニーマップと同じように、時系列に書き出します。

サービスデザインマップは、行政サービスや銀行の窓口業務のような無形のサービスの分析などに適したツールです。銀行のケースであれば、まず銀行を訪れた預金者（ユーザー）の状況と行動を書き出します。

2. その他の登場人物の行動も書き出そう

テレビの分割画面で複数の人が同時中継されているイメージで、その他の登場人物や関係者の行動を書き出していきます。

銀行のケースでは、預金者の次にカウンターの中にいる銀行員や、フロアの案内係など、それ以外の関係する人の行動を書き出します。

3. 相互の関係を視覚化しよう

誰かの行動が、誰かに影響を与えた場合は矢印で示す、複数が同時に行動した場合は線で囲むなどのルールを決めておくと良いです。

銀行のケースでは、全員の行動を書き出し終わったら、フロアの案内係が預金者をカウンターに案内しながら、カウンターの中にいる銀行員に対象者の用件を伝えるといった関係性を、矢印で結ぶなどして視覚化します。

ペルソナ

　対象者の行動や価値観などについて、それまでの調査で得た情報や洞察の結果をもとに、その対象者を代表する典型例ともいえる架空の人物のイメージを定義し、視覚化します。

　年齢、性別、趣味などの共通点に基づいて分類することで、調査結果の共有とともに、評価対象として活用することもできます。

①　ペルソナに記入する項目

・名前・年齢・性別　など基本情報

・家族構成・職業・居住地・年収　など環境情報

・趣味・嗜好・性格　など考え方の傾向

・顔写真やイラストを使って、具体的なイメージを思い浮かべることができるようにする。

②　目的に応じた追加項目の設定

（例：Webサイトデザインのためのユーザー像）

・PCスキル・ネットリテラシー・類似サービスの経験値

・PCの利用環境

・どんな操作なら出来るか？　どんな操作が戸惑ってしまうか？

　などが想像できるように作ります。

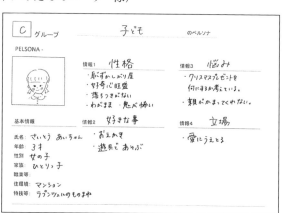

幼児向けの玩具を考えるためのペルソナ

1. 対象者に関する情報を集めよう

確かにこういう人いるよね！ といったイメージが伝わるように作ることがポイントです。チームで検討を進める過程で、ペルソナを共有することで、共通の認識の下で、提案の検討や評価を進めることができます。

そのために、インタビューや観察を通して集めた多くの情報を分類・分析することで、対象者層と言えるキャラクターのイメージを絞り込んでいきます。

定義

Define

2. ターゲット層に最適な人を決めよう

対象者層から、典型例として最もふさわしい人を決めます。

現実の対象者から1人を選ぶのではなく、複数の典型例を組み合わせることで、架空の最もふさわしい対象者像を描くのも効果的です。

3. 2人以上のペルソナを作ろう

1人のペルソナだけで、すべての条件が満たされることはありませんので、2人程度の人物像を設定するようにします。また、家族向けのサービスを考える時などは、家族全員のペルソナを作るようにすると良いです。

ひとりひとりのペルソナに名前をつけ、具体的な職業を設定することで、「この人は、このような状況のとき、こんな選択をする」といった検討がしやすくなります。

力を合わせて発想しよう

　発想のフェーズでは、定義した潜在ニーズ等をベースに、まず、解決策に向けた多くのアイディアを発想（拡散）します。次に、発想したアイディアを分類・分析することで方向性を絞り込みます（収束）。さらに、絞り込まれた案を基に再度発想（拡散）してアイディアの質を向上させ、最終的に、プロトタイプの制作に向けた絞り込みを行う（収束）というように拡散と収束を繰り返します。

　発想という言葉は、日常生活でもよく使用されますが、デザイン思考では"Ideate"という言葉が"発想"と訳されます。デザインでは、創造"Create"という言葉もよく使われます。しかし、私は、創造の代わりに発想が使われるところに、デザイン思考ならではの課題解決に向けた目的があると考えます。
　一般に、創造は「天地創造」という言葉に代表されるように、それまでにない新しいものを考え、生み出した時に使われることが多いのではないでしょうか。これに対して、発想という言葉は「発想の転換」といった使い方がされるように、その過程における、ものの見かたや考え方も含まれます。
　デザイン思考における発想は、定義のフェーズで明らかにした、問題点や潜在的な消費者のニーズなどを基に、その解決に向けた視点をはっきりさせ、具体的な解決策を考える（発想する）ことになります。

発想の手法

　発想のための手法の代表的なものとして、デザイン思考以外にも広く使われる、グループでアイディアを発想するブレインストーミングがあげられます。しかし、デザイン思考では、アイディアは拡散させるだけではなく、提案に向けて収束させる必要もあります。そのため、多くのアイディアを分類することで分析・考察をしやすくする手法である、ポジショニングマップとセットで使用します。

　また、雑誌などを切り抜いて紙に貼り付けるコラージュやマンガのように時系列に沿ってシーンを描きだす絵コンテも、発想のための有効な手法として活用できます。

発想

Ideate

ブレインストーミング：
　「アイディアは多ければ多いほど良い」との考えに基づいて、自由に発想します。

ポジショニングマップ：
　ブレインストーミングで出したアイディアを分類し整理することで、洞察を得ます。

コラージュ：
　雑誌の切り抜きなどを貼ることで、目指す提案のイメージを浮かび上がらせます。

絵コンテ：
　マンガのように時間の経緯とともに変化するシーンをコマに分けて描くことで経験を可視化します。

ブレインストーミング

　グループワークを前提として、たくさんのアイディアを発想するプロセスを明確にしたブレインストーミングは、デザイン思考においてなくてはならない手法といえます。

　まずは、実現性や妥当性などは考慮せず、アイディアの質よりも量を重視して、とにかく自由に発想します。批判や否定をせずに、大胆なアイディアを奨励し、参加者が安心して発言できる雰囲気を作ることが重要です。

　ブレインストーミングでは、他のメンバーのアイディアに乗ることで新しいアイディアが誘発され、お互いに連想を得ることで拡散させることが可能になります。

GOOD	NG
自由奔放な発言 突拍子もないもの、 奇抜なもの、 風変わりなものほどよい	**メンバーの発言への批判** アイディアへの批判は我慢 もしダメと思ったらダメと言う 代わりに他のアイディアをぶつける
とりあえず「いいね！」 **と言ってみる**	**無言、無視、沈黙**

ブレインストーミングのポイント

メンバー全員が、他のメンバーの発言をポジティブに受け止め、それに自分の経験や知識を照らし合わせることで「そう言えば！」といった感じでアイディアが展開できるようになることが大切です。

ヒトと知り合ってよかった、と思ったことは？

「おいしいご飯を食べた」
（そう言えば）「お店の人と仲良くなった」
（そう言えば）「ラーメン屋のおやじ」
さらに……
（そう言えば）

他のメンバーのアイディアに乗る発想

1．ためらいは禁物、思いついたら発言

まず、大きな紙と付箋を準備します。

付箋に書いた文字をメンバーの全員が読めるよう、色が濃いサインペンなども準備しましょう。

目的は数を出すことです。どんな知識にもとらわれず自由に何でも発想します。

定義
Define

2．連想や付け足しもOK

ブレインストーミングの面白いところは、たとえ自分のアイディアが尽きても、他のメンバーの発想を借りながら、それに自分のアイディアを付け足すことで、アイディアが展開していくところにあります。

そのためにも、他のメンバーの意見は決して否定してはいけません。

発想
Ideate

3．分類して傾向を把握しよう

ある程度アイディアが発想できたら、それらを分類し、傾向を共有することも大切です。

「この方向でもう少し考えてみよう！」「ここの案は少ないから、皆で重点的に考えよう！」というようにフォーカスしていくことで、アイディアを広げます。

ポジショニングマップ

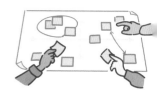

アイディアは出して終わりではありません。ブレインストーミングで出た
アイディアを分類・分析することで洞察を得ましょう。

3人のメンバーが、書き出した好きなお菓子から、ポジショニングマップを
つくってみましょう。

まず、「あまい・しょっぱい」といった味覚を縦軸、「かたい・やわらかい」といった食感を横軸に分類しました。

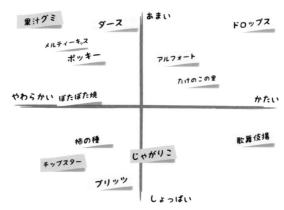

次に、「チョコレート度の高・低」を縦軸、「つまみ度・おやつ度」を横軸に分類しました。分類方法は一つとは限りません。友人の家に集まって一杯というとき、無意識のうちに、このような分類を考えているかもしれません。

1. 意味やニュアンスの近いものを集めよう

ポジショニングマップは親和図法とも呼ばれ、意味やニュアンスの近い（親和性の高い）モノ同士を近くに集めることで分類し、分析に生かします。

ブレインストーミングで集まったアイディアをいくつかのグループに分類します。分け方は一つとは限りません。いろいろな分類方法を考えます。

定義

Define

2. 集めたグループに名前を付けよう

ポジショニングマップでは、アイディアを分類する時点で、いろいろな可能性を考えることで、新しい切り口を見つけることができます。

左のページに示したようなお菓子の分類でも、「甘い・辛い」、「かたい・やわらかい」といったものから、「中・高生の好きそうな」、「お酒好きの中年層の好きそうな」などいろいろな切り口から考えることができます。

発想

Ideate

3. 2軸を決めよう

いろいろと考えた分類のなかから、2種類を選び、2軸を設定します。

似たような視点による分類の組み合わせは避けつつ、定義されたユーザーの要求など、分析の目的に合致する2種類の分類方法を組み合わせるようにします。

コラージュ

　写真を使った新聞などが一般的になり始めた1910年代の初頭、パブロ・ピカソやジョルジュ・ブラックなどの芸術家たちが新しい芸術表現として始めたのがパピエ・コレ。フランス語で貼りつけられた髪を意味し、マックス・エルンストやジャン・アルプ以降、コラージュと呼ばれるようになりました。

　デザイン思考では、ブレインストーミングの結果など、方向づけされたアイディアのイメージを共有したり、プロトタイプの制作に向けてさらにイメージを膨らませるための素材として制作します。

コラージュの効果

・関係する雑誌などから写真を選び、切り抜く作業を通して目標とするビ
　ジュアルイメージを摑むことができる。

・出来上がったコラージュを眺めながら分析することで、目標とする基準を
　明確にすることができる。

・完成したコラージュを見せ、チームでビジョンを共有できる。

　生花店をテーマとしたプロジェクトで、カフェが併設された生花店のイメージをコラージュで表現しようと、雑誌を切り抜いて写真を集めました。制作を進める過程で、雑誌で偶然見つけた写真がきっかけとなり、花を包んで持ち帰るパッケージを、家ではそのまま花瓶代わりに使うことができないかとのアイディアを思いつきました。

　買った花を、併設されたカフェでコーヒーを飲みながら楽しんだあと、家のテーブルでも同じように楽しむことができます。

カフェが併設された生花店のコラージュ

1．新聞や雑誌を集めて素材を選ぼう

提案の方向性が決まってきたら、関連するビジュアルイメージなどの素材を集めます。

雑誌などをめくりながら、求めるビジュアルを探る過程で、目指すデザインのイメージが浮かび上がってきます。素材は新聞や雑誌だけとは限りません。街の活性化などを目的としたプロジェクトであれば、取材を兼ねて、自分で撮影した画像を使用するのも効果的です。

定義

Define

発想

Ideate

2．分類して候補を選ぼう

素材は、なるべく多く集めますが、全部を貼りこむ必要はありません。素材を分類して候補を選ぶ過程や、いきなり貼らずに仮置きし、いろいろと配置を検討する過程も大切です。

画像を切り抜き、配置を考える作業を通じて、目標とするイメージをさらに固めることができます。

3．構図を考えながら画像を構成しよう

素材はある程度余裕を持って貼りこみ、空いたスペースにキーワードやイラスト、必要に応じて簡単な説明文なども書き込みます。

全体を眺め、イメージが伝わりそうか再度確認します。高齢者に向けたプロジェクトであれば健康や安心感、食に関するプロジェクトであれば地域性や安全性など、メンバー間で意見を共有しながら進めます。

絵コンテ

　マンガのように、時間の経過により変化するシーンを登場人物の発言や状況説明とともに記入する手法です。

　絵コンテは、アニメ制作におけるシーンの構成の検討などに用いられてきました。近年、デザインの対象がモノからユーザーの体験などコトへと広がるなかで、提案を具体的に検討するための手法としても注目されています。状況や環境の変化を時系列で視覚的に物語ることができるため、言葉だけでの説明に比べて、提案がより具体的になります。

　日本では、A4サイズの用紙に5コマのシーンと各シーンにおけるセリフや説明を記入できるようにしたレイアウトが一般に使用されますが、目的や用途に合わせて、自由なレイアウトやコマ数で制作してかまいません。

　右の絵コンテは、初めて出会った人たちのためのパーティー用の名札を考えた時のものです。

　とりあえず本名は隠しておいて、仲良くなりたいと思った人と、合わなさそうなタイプで対応を分けるというアイディアを"起承転結"のストーリーにより展開しました。

　絵コンテにすることで、登場人物の心理も描写でき、提案が一目でわかるように伝えることができます。

＊絵コンテについては109ページでも説明します。

1．シナリオを作ろう

絵コンテは、提案がユーザーの体験に関するものである場合など、状況や環境を時系列で視覚的に物語るという点で 提案がより具体的になり、説明的な描写も増えることで検証にも役立ちます。

今はこんな状況に問題がある、このようにすれば改善する、などイメージしながらシナリオを考えます。絵（イラスト）は上手に描けなくても大丈夫です。ストーリーが伝わることに注力しましょう。

定義
Define

2．場面ごとに絵で表そう

必ずしも"起承転結"の展開にこだわる必要はありませんが、背景からはじまり、結論で終わるようにストーリーを展開するとわかりやすくなります。

背景（1コマ目）：場の状況など背景説明
起（2コマ目）：ストーリーの開始
承（3コマ目）：ストーリーの展開
展（4コマ目）：ストーリーの新たな展開
結（5コマ目）：結論や提案

発想
Ideate

3．解説とセリフも記入しよう

絵コンテは、状況を表現した絵、説明文、および登場人物の発言や心のなかの思いが、時間軸に沿って同時に表現されるところに、コミュニケーションツールとしての強みがあります。

ストーリーを補足する説明文や登場人物の発言などは、枠外に書くのが一般的ですが、マンガのように吹き出しで表現してもかまいません。

テスト
Test

プロトタイプで視覚化しよう

　課題解決を目的とした手法は、デザイン思考以前にも多くあり、代表的な
ものとしてPDCA（Plan／計画・Do／実行・Check／評価・Action／改善
を繰り返す業務改善手法）やSWOT分析（Strengths／強み・Weaknesses
／弱み・Opportunities／機会・Threats／脅威の4カテゴリーで分析を行
う事業分析手法）が、多くの企業で使われてきました。しかし、それらの手
法とデザイン思考を分ける最も大きな違いは、発想したアイディアを具体的
なイメージに表現するプロトタイプ（具体化）のプロセスにあります。

　以前は、デザインの仕事といえば、多くは色や形を考える、いわゆるスタ
イリングのデザインが占めていました。しかし、1990年代以降、デザイン
思考が普及するきっかけの一つともなった、複雑な電子機器などの操作を行
うための「ユーザーインターフェースデザイン」や、人とシステムの関係を考
える「インタラクションデザイン」といったユーザーの体験や経験を対象とし
たデザインも重要な仕事として認知されるようになってきました。一方、そ
れらのデザインにおいても、従来からのデザインと同様、解決案をビジュア
ルに表現し具体化するプロセスは依然として重要であり、そこがデザインと
他の仕事を分ける大きな違いにもなっています。

　プロトタイプでは、発想された解決策の具体的なサービスや商品のイメー
ジなどを可視化することで検証します。

プロトタイプの手法

「デザイン思考の講習は受けたけど、どうもうまく使えない」といった話を聞くことがあります。そこで、講習会のなかで制作された資料や最終発表原稿を見せてもらうと、プロトタイプのための手法はほとんど活用されず、ブレインストーミングで出たキーワードをプレゼンシートに書いて終わり、ということも多いようです。

　その理由として「私は絵が下手だからスケッチはとても描けない、手先が不器用だからプロトタイプは作れない」と答える人がほとんどです。しかし、デザイン思考では上手に絵を描いたり、きれいにプロトタイプを作ることは出来なくても、提案の意図が伝われば良いので心配はいりません。まずは、なぜプロトタイプを作ることが大切か、その目的を理解しましょう。

　スケッチ：頭のなかで考えた、まだ世の中にない、新しいモノや空間のイ
　　　　　　メージを表現します。また、描く過程は新たな発想の手助けに
　　　　　　もなります。

　プロトタイプ（モデル）：イメージを3次元に表現し、できあがった立体を
　　　　　　　　　　　　　動かしたり、いろいろな角度から眺めることで新
　　　　　　　　　　　　　たな発見が生まれます。

プロトタイプ

Prototype

スケッチ

　デザイン思考におけるスケッチには、提案に向けたイメージを可視化することで、チームでイメージを共有し、次のアイディア展開へとつなげる効果があります。

　目で見たものを書き写す写生とは異なり、課題解決に向けて思い描いたイメージやアイディアなど、まだ世の中にない、新しいモノや空間を表現します。絵が上手、苦手にはとらわれず、小さな子どもがいろいろなことを空想しながらお絵かきをするように描くことがポイントです。

　デザインの研究者達からは、デザイナー達に対するインタビューから、スケッチに関する以下のような効果が報告されています。

- ・言葉で形成された発想を乗り越える意思を伝達する
- ・あらゆる要素を同時に関連付ける
- ・見逃せない特徴をうまくとらえられるようにする
- ・偶発的なアイディアの発見に遭遇しやすくする
- ・新たなデザイン案の可能性を示唆する

　スケッチには、言葉で説明すると時間がかかる上に上手く伝わらないことを一瞬で伝える効果や、描く過程で新たな発想に導く効果が証明されています。

　右のスケッチを言葉で説明しようとしても、「シーソーだけど、普通のシーソーとは違って、全体が曲がっていて、人は横たわるみたいに乗って……」といくら説明しても伝わらないかもしれません。

　スケッチを上手に活用することで、提案の意図を上手に伝え、新たな解決策に遭遇する可能性を高めることが期待されます。

新しいシーソーのスケッチ

＊スケッチについては103ページでも説明します。

1．発想を広げるためにスケッチしよう

スケッチは、「手を動かすことで発想するための道具である」ということを意識してください。

思考において、多くの人は、頭で考え導き出した正解や、それらにたどり着く方式に従って行動します。しかし、頭で考え込むことよりも先に体（手）を動かし、ぼんやりとした思いつきを原動力として描きはじめ、試作と改良を繰り返しながら、徐々に考えを固めるのがスケッチです。

2．検討するためにスケッチしよう

描いたスケッチを見ながら、実際のシーンを想像してみましょう。

スケッチは上手に描けるに越したことはありませんが、目的が検討のためと考えれば、乱暴な字で書いた下書きでもかまいません。自分さえ理解できれば問題ない、くらいのつもりで描けばOKです。

3．コミュニケーションするためにスケッチしよう

アイディアを誰かに説明するときは、恥ずかしがらずにスケッチも一緒に見せましょう。

スケッチを見てもらうことで、言葉だけでは説明しきれない思いも伝わり、コミュニケーションも取りやすくなります。

発想
Ideate

プロトタイプ
Prototype

テスト
Test

プロトタイプ（モデル）

　プロトタイプといわれると、身構えてしまう人も多いと思いますが、折り紙も立派なプロトタイプといえます。

　模型など立体によるプロトタイプは、対象物や対象となる空間の検討に有効です。電車が好きな子どもがプラレールの線路を作るのは交通システム、ごっこあそびが好きな子どもがシルバニアファミリーで遊ぶのはインテリアのプロトタイプと考えれば、3次元的に考えることで新たな発見が生まれ、さらにアイディアが広がることも理解できると思います。

　プロトタイプはスケッチと比較すると制作には手間がかかりますが、立体形状の検討に加えて、手で持った時の持ちやすさの検討などにおいても非常に有効です。また、スマホの表面に、紙に描いた操作画面を貼り付けて視認性や操作性を確認してみるのも立派なプロトタイプとなります。

　グループのメンバーで協力してプロトタイプをつくるのも有効です。街の広場でのイベントを考える時「ここに、こんな店があったらいいんじゃないかな～」などと言いながら、紙に描いた広場に紙で作った店を置くだけで、イメージの共有ができます。

　写真はスチレンボードという発泡材のボードを使用して制作した公園のプロトタイプです。スケールに合わせた人間を置くことで、さらにシーンが伝わりやすくなります。

公園のプロトタイプ（モデル）

▌＊プロトタイピング（モデル）については116ページでも説明します。

1．目的を考えて材料を揃えよう

まず、形状の確認、動作の確認、使い方の検討など制作の目的を考えます。

比較的単純な形状の確認であれば加工の容易な紙、構造確認であれば立体的な加工が可能な木材など、適切な材料と工具を準備します。

商店街の活性化を考えるプロジェクトであれば、建物はレゴで作り、ミニカーや小さな人形を並べても良いかもしれません。全てを手作りする必要はありません。

2．形を作りながら更に考えよう

モデルの制作過程で得られる情報は、時間は長く要するものの、スケッチなど二次元の検討から得られる情報とは全く異なるもの（まさに異次元）です。

特に対象がプロダクトなど立体物の場合は手に持った印象、異なる角度から見た印象など、さまざまな検討・考察が可能です。

3．完成した形で検証しよう

プロトタイプは立体物の形状以外にも、さまざまな検討に有効です。たとえば、ユーザーの体験を対象とした、サービスの検討に対しても有効に機能します。

商店街の活性化を考えるプロジェクトであれば、歩行者専用とした道路にテーブルや椅子をどのように配置するのが良いか？　イベントのパフォーマンスはどこで行うか？　といった検討も、椅子や人形を置き換えることで簡単にできます。

発想
Ideate

プロトタイプ
Prototype

テスト
Test

テストをお願いしよう

　テストのフェーズでは、提案の実現に先立って、想定されるユーザーなどに体験、評価をしてもらい、必要に応じて修正を行います。

　自動車のエンジンなどの技術開発であれば、測定装置を使うことで、出力や耐久性を測るなどのテストを自分達で行うことも可能です。しかし、快適な移動が開発の目的であれば、想定されるユーザーなどに実際に試乗してもらい、意見を伺うといったテストが不可欠になります。

　提案内容が、移動のための空間など、具体的な形のあるものであれば、その形を再現したプロトタイプを実際に使ってもらうことが考えられます。しかし、移動中に提供されるサービスであれば、何らかの方法で体験をしてもらう必要があります。特定の状況を設定し疑似的に体験してもらう、再現ビデオを見せて意見を聞くなどさまざまな方法が考えられます。

　企業による商品開発では、実際の市場やユーザーを使った念入りなテストが求められます。しかし、身近な日常の課題解決を目的としたプロジェクトであれば、家族や友人達にお願いし、意見を聞いてみるだけでも立派なテストとなります。

テストの手法

テストの目的は、大きく以下の2点になります。
①想定されるユーザーなど対象者に提案を評価してもらう
②評価の結果を正しく受け止め、必要に応じて修正する

①について、高い精度のプロトタイプができていれば、想定されるユーザーに使用してもらい、感想を聞くことができます。一方、そこまでの準備ができない場合は、プレゼンテーションを行い、ラフなプロトタイプやスケッチなどを見せ、提案内容を十分に理解してもらった上で、意見や感想を聞く必要があります。

プレゼンテーション：
ビジネスにおけるプレゼンテーションは、多くの場合、受け手に提案を理解してもらい、納得してもらうことが目的となります。一方、デザイン思考では、提案の趣旨を理解してもらい、改善に向けた意見や感想を得ることが重要な目的となります。

②については、共感のフェーズで紹介した各ツールを活用することで、評価結果の正しい把握、改善につなげます。

テスト

Test

観察：プロトタイプを使用してもらい、その過程を観察します。
インタビュー：プロトタイプに対する感想や意見を聞きます。
アンケート：大勢の想定されるユーザーなどに感想を聞きます。

プレゼンテーション

　プレゼンテーションスキルは、ビジネスのあらゆる場面で必要とされます。デザイン思考では、特にテストのフェーズで、想定されるユーザーに提案を正しく評価してもらうことが目的となります。共感、定義、発想のステップで活用した調査、分析、発想のための各手法を効果的に使用することで、提案の内容を正しく伝えることができます。

背景の説明：

　共感のフェーズで活用した、観察やアンケートなどの結果を使用することで現状を分かりやすく説明することができます。

コラージュを用いたプレゼンテーション

検討の内容や経緯の説明：

　定義のフェーズで活用した、マインドマップやカスタマージャーニーマップなどによりビジュアルな説明が可能となります。

提案内容の説明：

　発想、プロトタイプのフェーズで活用した、ポジショニングマップ、スケッチ、プロトタイプ（モデル）により一目でわかる説明が可能となります。

　プレゼンテーションでは、本番もさることながら、事前の準備が大切です。

　説明資料を準備しながら、それまでの調査、分析、発想の過程を見直すことで、提案内容の精度も上げていきましょう。

　事前のリハーサルも大切です。アップル社の創業者であるスティーブ・ジョブズ氏はプレゼンテーションが上手なことで有名でしたが、事前に何回もリハーサルを行い本番に臨んだそうです。

1. 誰に、何を、どのように伝えるか考えよう

プレゼンテーションの相手が、専門家か、一般の人か、高齢者か、子どもかにより、内容や用語の扱いは大きく変わります。

目的は、自分たちの提案に賛同を得ることだけに限りません。なるべく多くの問題点を指摘してもらい、改善につなげることが目的と考えて臨むことも大切です。

2. 結論がはっきりと伝わるよう構成しよう

一般にプレゼンテーションの構成は、結論⇒背景⇒目的⇒(検討)内容⇒最後にもう一度結論、と進めるのが良いとされています。

しかし、テストを目的としたプレゼンテーションでは、正しく評価してもらうために、提案の背景を詳しく説明するなど目的に応じた対応も必要となります。

3. リハーサルをしてみよう

長すぎるプレゼンテーションは受け手の集中力を削いでしまい、効果的とは言えません。事前にリハーサルを行い、時間を計りながら、ペース配分を確認します。

デザイン思考のツールであるマインドマップ(58ページ)やカスタマージャーニーマップ(60ページ)などは、そのまま効果的なプレゼンテーションに向けたビジュアル資料としても活用できます。

テスト

Test

力を合わせて運営しよう

2010年頃の話になりますが、『もし高校野球の女子マネージャーがドラッカーの『マネジメント』を読んだら』(岩崎夏海著／ダイヤモンド社)、略して"もしドラ"という本が話題になり、映画化やアニメ化されました。高校野球の女子マネージャーが、経営学者であるP.F.ドラッカーの『マネジメント[*]』を参考に、チームメンバーのモチベーションを高め、甲子園出場を目指すといった内容の小説ですが、グループで発想するデザイン思考においても、このマネージャー役が必要になります。

"もしドラ"の主人公の女子高校生は、野球部にとっての顧客とは誰なのかを明確にし、部員達にやりがいを持たせるためにいろいろな工夫をします。これは、デザイン思考においてはファシリテーションと呼ばれる役割になります。また、チームのメンバーがお互いに信頼関係を持って活動できるよう工夫することはチームビルディング。試合の経過を記録したスコアブックや、守備位置や作戦をビジュアルに表現する作戦ボードに対応するものがグラフィックレコーディングと考えると分かりやすいと思います。

※ドラッカーのマネジメント論を初心者向けに一冊にまとめた入門書

運営のための手法

共感
Empathize

　デザイン思考を進めるうえでは、メンバーがリラックスして多様な意見を引き出せること、またそのために、全員がテーマや目的に加えて、それまでの議論の経緯やアイディアを共有できることが重要になります。

定義
Define

　以下は、デザイン思考以外にも幅広く使える、チーム運営、メンバー間の情報共有に有効な手法となります。

ファシリテーション：
　メンバーの議論や活動が容易にできるよう支援し、的確に議論が進むよう舵取りする。

発想
Ideate

チームビルディング・アイスブレイク：
　メンバーがお互いを理解し、心を開くことで、多様な意見を引き出せるようにする。

プロトタイプ
Prototype

グラフィックレコーディング：
　議論の内容を、文字だけではなく、イラストや矢印などのグラフィックと合わせ、その場で表現することで共有しやすくする。

テスト
Test

ファシリテーション

　チームの話し合いを、合意形成に向け適切に運営することはファシリテーション、そして、その役割を担う人はファシリテーターと呼ばれます。

　デザイン思考では、メンバーが思ったことや考えたことを気兼ねせずに発言できるよう支援することが大切です。そのため、進行役としてのファシリテーターの役割は非常に重要です。

1．活動を円滑に進める

　ディスカッションの進行、時間管理、段取りといった、目的を達成するためのプロセス管理。

2．新しい考えを引き出す

　メンバーの気持ちに寄り添うことで　それぞれの心の中にある多様な考えを引き出す。

3．デザイン思考のツールを有効に活用する

　デザイン思考の特徴である、拡散と収束の流れを意識しながら、デザイン思考の各ツールを有効に活用することで、提案に結びつける。

　ファシリテーターと聞くと、特別な訓練を受けた人のように思われるかもしれません。でも、仲間内の話し合いなどで場を仕切ったり、異なる意見の合意を図ったりすることも立派なファシリテーションとなります。

　デザイン思考では、目的に合わせて各手法を的確に活用するなど、プロセスをしっかりと管理することが良いファシリテーションにつながります。そのため、メンバーが、デザイン思考のプロセスや各手法の役割を理解した後は、輪番制でファシリテーターを務めるのも良いかもしれません。

共感
Empathize

1．目的・目標を共有しよう

デザイン思考におけるファシリテーターの役割は、場の雰囲気をデザインすることから始まります。

・目標や目的が把握できて戸惑わない

・参加者全員がリラックスできる

・思ったことが発言できる

次ページで紹介するチームビルディング・アイスブレイクも参考にしてください。

定義
Define

発想
Ideate

2．発言者に共感しよう

ワークショップ開始後は、以下の点に注意して進行します。

・発言者に共感し、思いを引き出す

・なるべく皆が発言できるよう気を配る

・話が進まなくなった時に切り口を提供

・上手く表現できていない発言の整理

・特定の発言などに対して批判的にならない雰囲気づくり

プロトタイプ
Prototype

テスト
Test

3．拡散と収束を繰り返し提案につなげよう

デザイン思考のワークショップでは、各ツールを適切に活用することで、さまざまなアイディアを構造化して見せたり、拡散と収束の流れに沿った意見の集約を図ることができます。

デザイン思考の各ツールを有効に活用しながら、ファシリテーションを進めましょう。

チームビルディング・
アイスブレイク

　チームビルディングは、お互いを知ることで仲間が思いを一つにして、ゴールに向かって一体となって進んでゆけるチームをつくる（ビルディングする）ことです。

　アイスブレイクは話し合いなどが行き詰った時などに、緊張感（アイス）を打ち砕く（ブレイクする）ことで気分転換やリラックスした雰囲気をつくることです。

　目的は少し異なりますが、どちらもメンバーがお互いを理解し心を開かせるという点では同じです。チームビルディングに向けメンバーをリラックスさせ、アイスブレイクを設けることでポテンシャルを引き出すこともファシリテーターの重要な役割となります。

　一般的には、誰でも気軽に参加できるゲームや、お互いを知るための簡単な自己紹介などが行われます。また、複数のチームに分かれて行われるワークショップでは、体力や運動神経を競うものではなく、チームワークの良さが勝敗に影響するような、ゲームも有効です。「となりのチームに負けないぞ！」という気持ちが、その後のモチベーションに繋がります。

　はじめてのメンバーでワークショップを行う時は、通常の自己紹介に続いて、「実は○○です」（○○：アニメに詳しい、ネコ動画が好き）といった、お互い親近感を抱くような一言を付け加えるだけでも効果があります。

	チームビルディング	アイスブレイク
目的	メンバーが思いを一つにしてゴールに向かって進んでゆけるチームづくり	話し合いなどが行き詰まった時の気分転換やリラックスした雰囲気づくり
実施のタイミング	はじめて出会うメンバーでも打ち解けられるよう最初に行います	長時間のグループワークの途中や、異なるセッションに移行するタイミングなど
効果	心や体の緊張状態をほぐすことで心を開く効果 お互いを知ることで会話のきっかけをつくる効果	

チームビルディングとアイスブレイク

1．事前の準備が大切

初対面のメンバーが多いか？

参加者の年齢構成は？

時間はどのくらい使えそうか？

などの情報を事前に集め、どのタイミングで何を行うかを計画し、付箋や筆記具以外に、ミニゲームなども準備しておきます。

2．メンバーの緊張をほぐそう

初対面のメンバーが多い場合は、まず、お互いを知ることから始めましょう。

ミニゲームは、メンバーがお互いを知るのに有効です。「無人島に何か1つ持って行くとしたら？」について語ってもらうことで、その人の価値観を理解することができるかもしれません。

また、共同で何か作ることで、まず手を動かす人、良く考えてから行動に移す人といった、お互いのタイプを理解することもできます。

3．切り替えよう

場の緊張がほぐれたら、モードを切り替えて本番に移ります。一方、疲れが見えてきたらアイスブレイクや休憩を取るなど、切り替えのタイミングも重要です。

また、議論が行き詰まった時は、それまでの意見を整理・構造化して見せるなど、メンバーの発想の切り替えを促すことも有効です。

グラフィックレコーディング

　会議などにおける議論の内容を、その場で並行して、文字だけでなくイラストや矢印などのグラフィックを交えて表現することで、議論の活性化や相互理解を促します。近年、日本でも注目されるようになりましたが、アメリカではグラフィック・ファシリテーションとして1970年代頃から活用され、発展して来たといわれています。文字だけで記録する議事録よりも情報が整理されるだけでなく、その場で、同時進行で描いていくことで、メンバー間の情報共有、議論の活性化にも有効です。

　グラフィックレコーディングを専門に行う、グラフィックレコーダーと呼ばれる人もいますが、デザイン思考のグループワークでは、専門家のようには上手に描けなくても、参加者が自分達でグラフィックレコーディングを行うことをお勧めします。

　その場で視覚化（グラフィック化）される図やイラストをメンバーで共有することで、マインドマップを描いているときのように、議論が活性化します。また、手を動かしながら議論に参加するという面で、デザイン思考の重要な要素である「体を動かしながら考える」という点とも深く関わりがあり、とても効果的です。

　学生達が、グラフィックレコーディングに挑戦すると、最初は恐る恐る始めるものの、しばらくすると描くこと自体を楽しむようになります。グラフィックレコーディングのスキルの習得自体も大きなメリットになりますが、思考力を楽しく鍛えるという点においてもとても効果的です。

グラフィックレコーディングの様子

*グラフィックレコーディングについては112頁でも説明します。

1．話を聞こう

大きめの紙と、色ペンを何色か準備し、テーマや目的などを大きく書きます。

メンバーの発言に耳を傾け、事実 or 推測、考察 or 感情、ポジティブ or ネガティブ、などの流れを読みつつ、レコーディングを開始します。

共感
Empathize

定義
Define

2．可能な所から記号やイラスト化しよう

いつ？　どこで？　誰が？　何を？　なぜ？　どのように？　に注意しながらレコーディングを開始します。

いきなり「グラフィック＝絵」にこだわる必要はありません。誰かが「××はいいね！」と発言したらハートマーク（♡）、お金の話が出たらドルマーク（$）など、可能な所から記号や簡単なイラストなどで表現してみましょう。

発想
Ideate

3．矢印や囲みなどでストーリーを表現しよう

議論の流れを意識しながら関連性を判断し表現します。

・原因と結果を矢印で結ぶ

・関係あるものを○で囲む

・強調したいことは飾り文字で大きく

といった処理を行いながら、ディスカッションの内容を整理します。

テスト
Test

　本章で紹介した18の手法は、いずれも、デザイン思考専用というわけではなく、さまざまな場面での活用が可能です。また、多くの手法が5段階のプロセスの複数の場面で使用することができます。以下に活用例を示しますので参考にしてください。

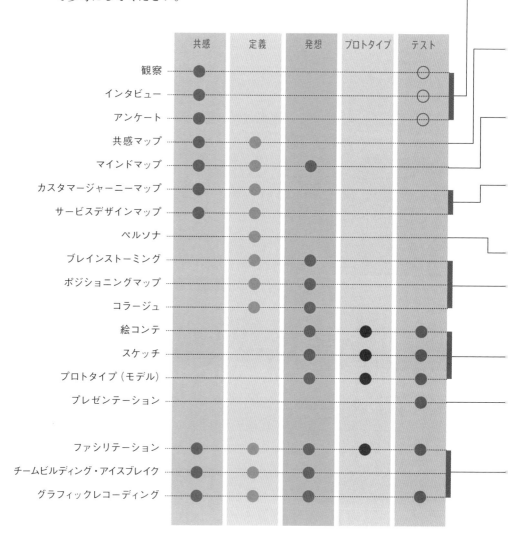

	共感	定義	発想	プロトタイプ	テスト
観察	●				○
インタビュー	●				○
アンケート	●				○
共感マップ	●	●			
マインドマップ	●	●	●		
カスタマージャーニーマップ	●	●			
サービスデザインマップ	●	●			
ペルソナ		●			
ブレインストーミング		●	●		
ポジショニングマップ		●	●		
コラージュ		●	●		
絵コンテ			●	●	●
スケッチ			●	●	●
プロトタイプ（モデル）			●	●	●
プレゼンテーション					●
ファシリテーション	●	●	●	●	●
チームビルディング・アイスブレイク	●	●	●		
グラフィックレコーディング	●	●	●		●

観察、インタビュー、アンケート：
　対象者への共感に向け、行動や発言などを収集します。また、テストにおいても対象者の評価の収集に活用できます。

共感マップ：
　発言や行動から考えていることを推測するため、対象者の心理の分析から問題定義まで幅広い場面で活用できます。

マインドマップ：
　テーマを中心に関連する項目を展開・可視化できるため、共感、定義、発想のあらゆる場面で有効に活用できます。

カスタマージャーニーマップ、サービスデザインマップ：
　人々の行動、思い、関係性を時系列に可視化できるため、問題定義に加えて共感のための手法としても活用できます。

ペルソナ：
　グループで対象者像を共有して定義するために活用します。

ブレインストーミング、ポジショニングマップ、コラージュ：
　コラージュで表現したイメージを共有しながらブレインストーミングでアイディアを拡散、ポジショニングマップで分類するなど、問題定義から発想の幅広い場面で活用できます。

絵コンテ、スケッチ、プロトタイプ（モデル）
　具体的な提案物のイメージや使用シーンを考え、可視化することで、発想、プロトタイプ、テストの各段階で活用できます。

プレゼンテーション：
　プロジェクトの最終場面以外にも、初めてのメンバーに対する課題説明や中間報告など多くの場面で活用できます。

ファシリテーション、チームビルディング・アイスブレイク、グラフィックレコーディング：
　デザイン思考以外にも、仕事や学校などいろいろな場面で役立つ手法です。

4

手を動かしながら考える表現スキル

デザイン思考と、従来からの課題解決手法の最も大きな違いとして、アイディアを具体的なイメージに表現することで発想するプロトタイプの活用があげられます。本章では、プロトタイプを制作することが、なぜアイディアの発想に役立つのか、その効果や活用方法を紹介します。

表現と発想の関係

　デザイン思考に使用される各手法は、大きくツールとスキルに分類することができます。ツールは工具と訳されるように、正しい使い方を知ることで有効に活用することができます。

　カスタマージャーニーマップは専用のフォーマットを活用したツールと考えることができます。そのため、カスタマーの行動を時間軸に沿って正しく記入することで、比較的簡単にその時の思考や感情を推測することができます。

　一方、スケッチやモデルは、制作にあたって一定の技術が必要とされるスキルとなります。スケッチと聞くと、自分は絵が苦手だと、しり込みをする方も多いと思います。しかし、デザイン思考が対象とするテーマの多くは、経験のデザインであり、スタイリングにこだわったファッションやスポーツカーのデザインではありません。

　ユーザーの体験を考えるなど、経験のデザインに向けたスケッチの目的は、紙に「最初に○○をする、つぎに△△をする、最後に××をする」と状況の推移を書き出す代わりに、その場面を絵で表現することといえます。その考え方は正しいか、実現性はあるか、何か問題は無いかなどを検証することです。文章で状況の推移をメモする時、文字が上手か下手かはあまり気にしないと思います。同様に、この場合、スケッチにおいても上手く描けているかどうかはあまり問題ではありません。そして、数分で描いた一枚のスケッチは、美しい文字で書かれた数百文字からなる説明文よりも饒舌なことがあります。

　デザイン思考のためのスケッチは、紙に鉛筆で四角や丸を描くことができる人であれば、また、モデルは折り紙を折ることができる人であれば制作が可能です。

　モノの色や形を対象としたデザインでは、デザイナー自身がスケッチを描くことなどでイメージを表現する、表現スキルが重視されます。私が新入社

員の頃、デザイナーの表現スキルは重視され、工学部でデザインを学んだ私は、美大出身の先輩達と比較して自分のスケッチが下手なことにかなりコンプレックスを感じていました。

「デザイン思考」の伝道師とも呼ぶべきティム・ブラウン氏がディレクター(その後CEO)を務めていた世界的デザインコンサルティング会社、IDEO社を訪問することになる7年ほど前のことです。当時、世界的なデザインの先進企業であった、イタリアのオリベッティ社で1年間ほど仕事をする機会に恵まれました。ところが、イタリアで仕事を始めてみると驚いたことに、同僚達から君はスケッチが上手だねと褒められたのです。日本では、職場で一番スケッチが下手な方だった私が、なんとデザイン先進国のイタリアでは、一番上手な方になっていたのです。

　そんな時、事務所のボスで、現在も世界的な建築家として活躍するミケーレ・デ・ルッキから「確かにカッコ良いスケッチだが、ゆっくり、良く考えて描くことも大切」とのアドバイスをいただきました。

　日本での、大量に描き、選択を繰り返すことで精度を上げる改良型のプロセスでは、スケッチは人に見せることを前提に描かれていました。しかし、それまでに無い新しいデザインを生み出す時、スケッチの目的は自分自身との対話であることを強く意識する機会となりました。

オリベッティでデザインを担当した
ベネチアサミット(1987) 情報システム

　デザイナーはスケッチを描きながら発想するといわれても、理解できないと感じる人も多いと思います。人間はどのように創造的な活動を行うのかについては、近年、心理学を始めとするさまざまな分野で研究が進んでいます。デザイン分野でも、創造的なデザインを生み出す、デザイン行為そのものを研究対象とした、"デザイン科学 (Design Science)"と呼ばれる研究分野があります。同分野における、私の研究の一部を紹介したいと思います。[*]

　絵を描く行為は大きく、"見て描く"と"思い浮かべて描く"の2種類に分類することができます。このうち、"思い浮かべて描く"は、さらに、"論理的に思い浮かべる"と"直感的に思い浮かべる"の2種類に分類できます。
　"論理的に思い浮かべる"は、たとえばプロダクトデザインでは、技術的な制約やユーザーの要求などを基に、それらを満たす解決案を考え、表現し、確認することで改良を加えるといったプロセスになります。デザイン思考のプロトタイプやテストも、そのような考え方に沿ったものといえます。
　一方、誰かの発言に影響を受けたり、何かを見たことがきっかけとなって、思いつくと同時に描いたスケッチは、"直感的に思い浮かべた"スケッチといえます。
　それを確認するために、スケッチを描く時点で頭に浮かんだキーワードをスケッチを描きながら記入してもらう実験を行いました。分析方法などの詳細は省きますが、そこで確認された結果の一部を紹介します。次ページに、2人のデザインを学ぶ学生が、それぞれ10分間で連続して描いた4枚のスケッチとキーワードを示します。キーワードを思い浮かべた時点で、その背景となった思考(背景、きっかけ)のヒアリング結果をカッコ内に記入しました。
　上側のテーブルライトでは、「金属製で薄い」といったイメージから、メタル

＊キーワード抽出におけるスケッチスキルの効果分析
日本デザイン学会　デザイン学研究　第60巻 第6号, pp.79-88, 2014

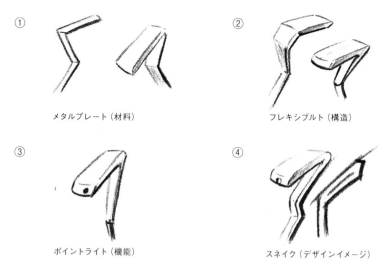

① メタルプレート（材料）

② フレキシブルト（構造）

③ ポイントライト（機能）

④ スネイク（デザインイメージ）

連続して描かれたテーブルライトのスケッチ

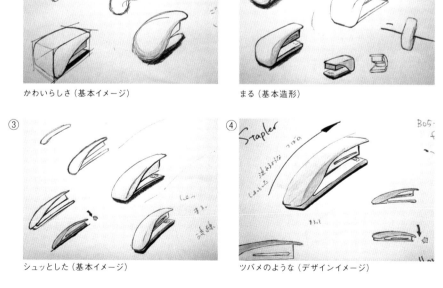

① かわいらしさ（基本イメージ）

② まる（基本造形）

③ シュッとした（基本イメージ）

④ ツバメのような（デザインイメージ）

連続して描かれたステープルのスケッチ

プレートというキーワードでスケッチを描き始め、その後、構造や機能を考え
ながらアイディアを展開したことが分かります。

　しかし、最後のスネイクというキーワードは、その前に描いたスケッチを見
ることで直感的に「ヘビ（コブラ）」のイメージが思い浮かんだことが考えられ
ます。

　また、下側のステープルでは、「かわいらしい」イメージからスケッチを描
き始めていますが、最後に出てくる「ツバメのような」は、その前の「シュッ
とした」イメージで描かれたスケッチを見ることで、直感的に「ツバメ」という
発想を得たと考えられます。

　どちらの例でも、最初は機能やユーザーが求めるイメージなどから、論理的
に導き出されるキーワードを思い浮かべてスケッチを描き始めています。しか
し、スケッチを描き進めるうちに、偶然とも言えるような（自分が違う意図で
描いた）スケッチとの出会いがあり、それを見ることで直感的に最終イメージ
の着想を得たと考えることができます。

　以上は、確認された一例ですが、スケッチのデザイン発想における効果や
役割については、まだまだ未知なことも多く、現在でも多くの研究者達がそ
の解明に取り組んでいます。

スケッチ

　子どもは1歳半くらいから絵を描き始め、4歳になる頃には輪郭と数本の線で表現された顔を描くようになるといわれます*。このように目で見たものを描画する能力は人類に共通したものです。

　ところが、やがて学校に通うようになると、図工の時間に目で見たモノを再現する写生などが課され、これが上手にできると「絵が上手い」といわれるようになります。そのような子どもの頃の思い出から「自分は絵が下手だ」と思っている人も多いのではないでしょうか。

　しかし、デザインのためのスケッチはそれとは異なるものです。なぜなら、写生が目で見たモノを描くのに対し、スケッチは頭のなかにある、まだ世のなかに存在しないモノを描くことだからです。

　目で見たモノが上手に描けなければ、頭のなかに創造したイメージを上手に描くこともできないのでは？　そのような疑問から、デザインを学ぶ学生達が描いた静物デッサンとスケッチの評価を比較したことがあります**。その結果、デッサン評価の高い学生のスケッチ評価が必ずしも高いわけではなく、デッサン評価は低くてもスケッチ評価の高い学生が多く見られました。小さな子どもは、新鮮なアイディアに溢れた魅力的な絵を描きますが、目の前に置かれた花を正確に描くことはできません。彼らの目的は、頭のなかにあるイメージを描くことで、目で見たモノを正確に再現することではありません。デザイン思考におけるスケッチも同じです。

　読者の皆さんの中には、授業中にノートの片隅にマンガのようないたずら書きをした経験をお持ちの方も多いのではないでしょうか。デザイン思考では、多くの場合、人と人、人とモノの関係がテーマとなります。それらは、いたずら書きのように人やモノを描くことさえできれば可能な表現です。

＊西洋児童美術教育の思想
＊＊デッサンとスケッチの描画スキルと描画過程の関係
　日本デザイン学会　デザイン学研究　第64巻 第2号, pp.55-64, 2017

【アイロンをデッサンしよう】

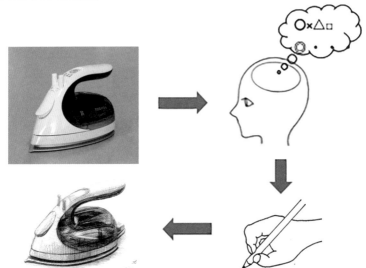

デッサンでは、目で見たカタチを正確に再現することが求められます。

【新しいアイロンのデザインを考えよう】

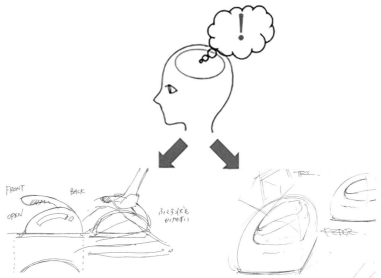

デザインのスケッチは、頭のなかで考えたアイディアを表現することで検討すること
が目的となるため、必ずしもリアルに描く必要はありません。

　具象絵画におけるスケッチは、下書きとして構図を考え、構想を練ることが目的となります。一方、デザイン思考では①イメージを表現して誰かに見せる、②アイディアを確認し次の発想に繋げるといった役割が求められます。

　①はグループワークのなかでメンバーにイメージを見せることで議論のきっかけとしたり、プレゼンテーションに用いることで意見をもらうためのスケッチ。②は、スケッチを描きながら自ら確認することで、「このアイディアで良いだろうか?」、「どうしたらもっと使いやすくなるだろうか?」といったことを考えるためのスケッチとなります。

　また、これらのスケッチは、モノや空間などのカタチを表現するスケッチと人々の行動や経験を表現するスケッチに分類できます。前者は"デザインスケッチ"、後者は"シーンスケッチ"と呼ばれます。

　このうちデザインスケッチは、四角やまるといった基本図形が描ければ、その組み合わせである程度の表現が可能となります。一方、シーンスケッチで人間をリアルに描こうと思うとかなりの腕前が必要となります。

　しかし、デザイン思考ではリアルな描画は必要ありません。次ページに示した簡易的な人(雪だるま人間)の描き方をマスターすることで、人々の行動や経験の表現が可能になります。

デザインスケッチの例:
下にあるような、まるや四角が描ければ
一定のレベルの表現が可能になります

シーンスケッチの例:
このようにリアルに描くにはかなりの腕前が必要になります

　誰でも簡単にいろいろなポーズが表現できるのが、下の雪だるま人間です。まずは、人と人が会話するシーンを描いてみましょう。絵に薄い紙をあててトレースしてみてください。何回かトレースをした後、何も見ないで白い紙に描いてみてください。コツさえつかめれば、きっとあなたならではの雪だるま人間が描けるようになっているはずです。

二人で会話する　　　　　　　　　　一緒に走る

お兄さん　　お姉さん　　おじいちゃん　ちびっこ

自販機の操作

電車の中で

スケッチの練習

　スケッチをイメージ通りに描くには、手をある程度イメージ通りに動かせるようになることが必要ですが、これには、ちょっとしたコツがあります。スポーツが上手くなるにはフォームが大切なように、描こうとするスケッチの大きさに応じて、腕や肩の関節を上手く使うことでかなり自由に動かせるようになります。

　そのために、フリーハンドである程度の長さの直線を引いてみたり、正方形や円を描く練習が有効です。もし、まっすぐな線が引けずに、円弧状になるようであれば、ひじを中心に腕が回っている可能性があります。肩の関節も使って、手首をある程度固定するようにすると水平な直線が引けるようになります。

　普段、字を書くとき、私たちは手首と指の関節のみを動かして書きますが、大きな紙に描くデッサンでは、手首は固定して、肩の関節を動かして描きます。また、習字も大きな字を書くときは、腕全体を動かしながら書くと思います。

授業でのスケッチの制作

　逆に緩やかな曲線を描きたい時は、右のイラストを参考に肩と手首の関節はある程度固定し、ひじの関節の動きを意識することで、ひじから前の前腕の長さが半径となる曲線を楽に描くことができます。

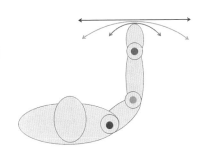

手首、ひじ、肩の動きと線の関係

　次頁に説明する、絵コンテやグラフィックレコーディングについての項目にも関係してきますが、授業では、西野カナさんの『トリセツ』という曲を聞きながら、歌詞のイメージをシーンスケッチに表す練習を行いました。

　歌のスピードに合わせて、「定期的に褒めると長持ちします」といった歌詞をスケッチに表すわけですが、雪だるま人間を使うと意外と高速描写も可能

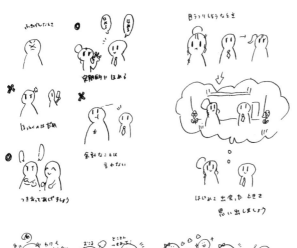

です。左のシーンスケッチは、1番から3番までを3回聞く間に描いたものです。皆さんもトライしてみてはいかがでしょうか。

『トリセツ』（西野カナ）のイメージスケッチ

絵コンテの制作

　私の世代だと、絵コンテというと「黒澤明監督の絵コンテ」のように映画の
ワンシーンを絵画的に表現したものというイメージがありました。しかし、最
近では、スタジオジブリの絵コンテ集が発売されるなど、連続するシーンを
マンガのように描く絵コンテが一般に知られるようになってきました。

　絵コンテは、英語ではストーリーボードと呼ばれ、ウォルト・ディズニー・
カンパニーのアニメーター達が、ストーリーの検討やプレゼンテーションを目
的に、各シーンのイラストを時系列にボードに貼りつけたものがはじまりと
言われています。

　アニメの絵コンテでは、1枚の用紙に5カットの枠を縦に並べ、描かれたシー
ンに沿って、登場人物のセリフやメモ欄を設けたものが多いようです。A4
の用紙に、ちょうどいい大きさで枠を並べた結果、5カットになったのではな
いかと思われますが、1つのシーンを1枚に表現しようとする時には**背景**、**起**、
承、**転**、**結**として使うことができ丁度良いようです。

　　たとえば、ピザの宅配サービスを考える時、
　背景：なんかおなかすいちゃったな～
　　起：そうだ宅配ピザを注文しよう
　　承：ネットで注文したいけど操作が良くわからない
　　転：30分後、あれ！　イメージと違うのが届いちゃった
　　結：電話で注文した方が良かったかも

と言った感じでシーンを描くことで、グループ内で問題点を共有することが
できます。

　前頁のスケッチで練習した雪だるま人間が、絵コンテでは大活躍します。シ

ーンによっては、顔は描かず、シルエットだけでも表現可能ですので気楽に取り組んでみてください。下の「あそ棒」のように、雪だるま人間とセリフだけでもこのような絵コンテは制作可能です。棒とヒモを自由に組み合わせる遊具の使用シーンを絵コンテにすることで、いろいろな遊び方が可能なことをわかりやすく説明することができます。

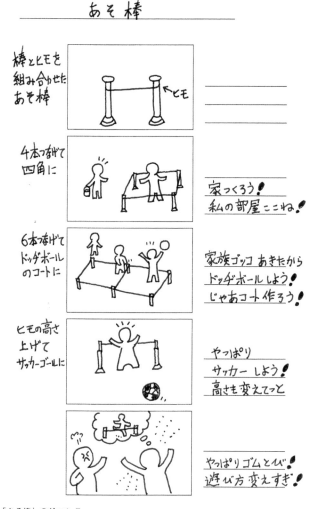

「あそ棒」の絵コンテ

　絵コンテは、5コマのフォーマットにこだわらず、自由に制作してください。下に示したような、絵コンテとスケッチの組み合わせや、カスタマージャーニーマップとの組み合わせも可能です。

親子で料理作りを楽しむ絵本を紹介するスケッチと絵コンテ

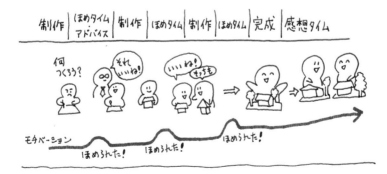

絵コンテ風に表現したカスタマージャーニーマップ

グラフィックレコーディング

　グラフィックレコーディングは、数年ほど前から日本でも注目されている、会議における議論をグラフィカルに可視化することで活性化させる効果のある手法です。デザイン思考の手法として使われているという話は、まだあまり聞きませんが、授業ではグループディスカッションの記録用に活用しています。ディスカッションの内容を整理したり、1週間後の授業時に議論を再開するきっかけとしても非常に有効なため、皆さんにもお勧めしたいと思います。

　グラフィックレコーディングは「話を聞いて、その場で内容を統合・整理して描くこと」と説明され、特別に決まったフォーマットなどは無く、自由に活用されているようです。「難しそうだし、デザインを学ぶ学生達だから上手にできたのだ！」と思う人も多いかもしれません。しかし、グラフィックレコーディングは、イラスト無しでも十分に機能します。日本語で"グラフィックレコーディング"と検索すると、上手なイラストの入ったものが多く検索されます。しかし、英語でgraphic recordingと検索すると、文字だけでカッコよく作られた例も多く検索されます。学生達と一緒にトライしてみて気づいた、いくつかのコツが次の5つです。

　①左上から右下、中央から外側などの流れを考えて描く
　②文字は太めに（強調したいところは影付き文字が有効）
　③色を使う（黒以外に何色か準備しておくと良い）
　④矢印や囲みを上手に使う
　⑤字や絵の上手い下手は気にしない（インパクトが大切）

　実際のワークショップでは、議論が拡散したり、なかなか結論に至らないなど、思い通りにグラフィックレコーディングが進まないケースも少なからずあ

り、はじめての人には難しいかもしれません。しかし、目的から結論に向けた流れのなかで、何が議論されているのか、どの方向に向かっているのかなどを意識することで、関連するものを線で囲んだり、矢印で方向を示すようなメモは可能になります。

あらかじめ、いくつかのパターンをイメージしておくことも有効です。たとえば、結論を求めるディスカッションでは、テーマを左上に、結論が右下になるようレコーディングを進めることで、企画書のようにまとめることができます。

企画書スタイル

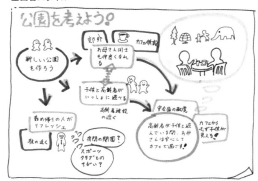

結論を求めるディスカッションでは、テーマや目的を左上に、結論が右下になるように進めると、営業の人が顧客に説明するときの企画書のような見栄えに仕上がり、分かりやすくなります。

メンバーに事前に複数のテーマが提示され、それぞれの発表をもとに議論が進められるケースでは、各自の発表とテーマをマトリックス上に表現することでメンバーの論点の違いが明確になります。また、一つのテーマに対して、多くのアイディアを広げるときは、マインドマップの要領でレコーディングを進めるのも有効です。

マトリックススタイル

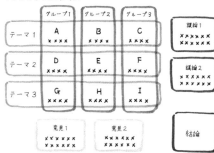

複数のテーマに対する複数の参加者の意見は、縦軸・横軸のマトリックスに組みます。

マインドマップスタイル

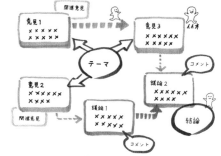

1つのテーマについて皆で議論するときは、テーマを中心に書くのも良いようです。

　一般に、グラフィック
レコーディングは、グラフ
ィックレコーダーと呼ばれ
る人が、会議室のホワイ
トボードや壁に貼られた
大きな紙に、参加者が見
えるよう、スムーズにレ
コーディングを進めます。

発言を聞きながらのグラフィックレコーディング

　しかし、大勢が参加す
る会議と異なり、少人数のチームに分かれたデザイン思考のワークショップで
は、大きめの紙を机の上に置いて、レコーダーも議論に参加しながら描いて
いく方式でも、十分な効果が得られるようです。

　下の写真は子ども達が自然に親しむための「ネイチャースクール」をテーマと
したワークショップの様子です。皆で議論の後、それぞれが発言したり思った
りしたことを、子ども達が大きな紙に群がって絵を描くように表現しました。

その後、議論を再開
すると絵を指さした
り、さらに描きなが
らの発言が続くなど
大変に盛り上がりま
した。これは、その
ままプレゼンテーシ
ョン資料としても使
用できそうです。

ワークショップでのグラフィックレコーディング

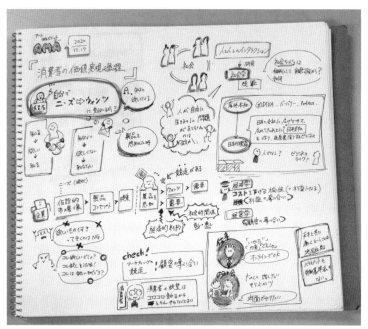

グラフィックレコーディングによる講義ノート

　グラフィックレコーディングに出会った後、多くの学生は、授業の講義ノートにグラフィックレコーディングを活用します。講義内容の要点を記号やイラストを交えて強調することで、テスト前の復習にも有効そうです。

　会議などでメモを取るとき、4色ボールペンを使用する人を多く見かけます。実は、私もそのようにしているのですが、これもグラフィックレコーディングに近い考え方であると思います。自己流でかまいませんので、グラフィックレコーディングの感覚を身につけることは、仕事や勉強などさまざまな場面で有効であると思います。

　なお、グラフィックレコーディングに関する本はあまり見かけませんが、『Graphic Recorder－議論を可視化するグラフィックレコーディングの教科書』（清水淳子著／ビー・エヌ・エヌ新社）は大変わかりやすく書かれており参考になります。

プロトタイピング（モデル）

　プロトタイプとモデルは似たような意味の言葉ですが、プロトタイプはワーキングモデルとも呼ばれ、実際の機能を再現したモノを指すことが多く、一方、形状や色を再現したスタイリング検討用のものをモデルと呼ぶことが多いようです。

　たとえば、スマートフォンのデザインを考える時、本体の形状を正確に作ることで、手にした時の感じやカラーバリエーションなどを検討するものがモデル、タッチしたり、スワイプすることで、変化する画面の変遷を再現したものがプロトタイプとなります。

　このように書くと、モデルもプロトタイプも素人には作るのが難しいように感じるかもしれませんが、厚みが5mmほどのスマートフォンであれば、ちょっと厚めの紙を重ねて形を作ることで、手にした時の感じなどを確認するモデルを作ることができます。さらに、油性カラーペンで赤やブルーなど好きな色を塗れば、カラーバリエーションの検討も可能です。

　一方、画面のデザインはどうでしょうか。たとえば、料理づくりのサイトをイメージして、初期画面、準備する材料、料理の作り方の画面イメージをスマートフォンの画面と同じ大きさの紙に描いて貼り付けます。あとは、紙芝居のようにその紙を取り換えて行けば、スマートフォンで見た料理作りサイトのプロトタイプの完成となります。

　プロトタイプを作ることはプロトタイピング、モデルを作ることはモデリングと呼ばれますが、これらのスキルを活用してプロトタイプやモデルを作成することで、使い勝手やスタイリングの検討が可能になります。町内会で子どものために新しい公園を考えるとき、公園の敷地を描いた大きな紙に、折り紙で作った滑り台を置いたり、粘土で作った小山を置くことでイメージが共有できます。そして、それを見ながら、「保護者用のベンチはどこに置こうか？」、「防犯面は大丈夫だろうか？」といった具体的な検討をすることができます。

厚紙を重ねて作ったスマートフォンのモデル

　折り曲げて使用することのできる有機液晶パネルを想定したスマートフォンのプロトタイプで、画面の操作性を確認しています。

カフェを併設した生花店のモデル

カフェを併設した生花店で購入した花をテーブルに置いて、店内で売られている花とともに楽しみながらコーヒーを楽しむというストーリーを検証しています。

紙製の卵パックのモデル

なぜ卵のパッケージはプラスチック製で10個入りが多いのかとの疑問から、紙でモデルを試作しながら、必要な数だけでも購入できる紙製のパッケージを考えました。

紙を使ったモデル

　コピー用紙に下のような図を印刷し、切り抜き、点線で折ることでモデルとなります。商店街でのイベント検討に向け、店やビルを並べ、スタッフ（人）や撮影ポイント（スマホ）を置きながら検討します。

紙のモデルによる商店街

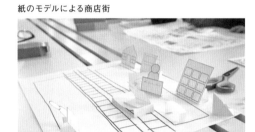

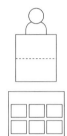

お面を使用したプレゼンテーション

　子ども達が自然に親しむための「ネイチャースクール」をテーマとしたプロジェクトの発表では、お父さん役、子ども役のお面をつけたプレゼンテーションが行われました。このようなお面やコスプレなども立派なプロトタイプといえます。

粘土を使ったモデル

　デジタル全盛時代でも自動車は、工業用の粘土で作られたクレイモデルによってデザインを決定することで知られています。

　下の2枚の写真はカーデザインを学ぶ学生の作品ですが、専用の粘土（クレイ）やヘラなどを揃えれば、経験が無くても、紙では作ることが難しい曲面的な形状も検討できます。

カーデザインを学ぶ学生によるクレイモデル

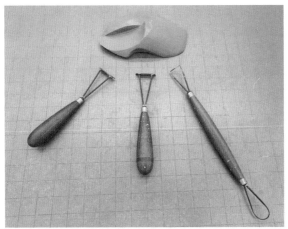

クレイモデル専用の粘土とへら（クレイを削ったり盛ったりして、デザインを修正できる）

防災を考えるプロトタイプ

　静岡文化芸術大学は浜松市にある、静岡県の県立大学ですが、県内だけに限らず毎年全国から大勢の優秀な学生達が集まってくれます。2016年の熊本地震発生時、2年生だった熊本出身の杉本若菜さんから、避難所での車中泊を強いられた母親の話を聞き、車中泊に向けた製品の提案をしたいとの相談がありました。

被災者の話のヒアリング（共感）による課題の発見（定義）
・熊本地震では避難所の収容人数の問題や、帰宅後の余震に対する心配などから自家用車で夜を明かす車中泊を行う被災者が多く存在した。（熊本市：4023人、益城町：3728人、自治体推定値）
・災害による避難時、避難場所となる体育館などで使用する簡易ベッド用には、多くの製品があるが、車中泊に対応したものはあまり見られない。
・多くのタイプの自家用車が車中泊に使用されるが、後部座席の後ろ側が荷室となるステーションワゴンやライトバンと呼ばれるバンタイプは商用車として使用している被災者も多く、後部座席を折りたたむことで大人も横になって眠ることができる。

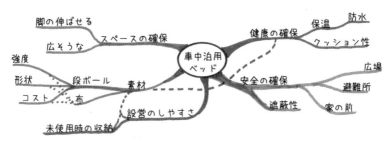

車中泊用ベッドのマインドマップ

・車高が高く一定のプライバシーが守られる１BOXタイプのワゴンに対し、バンタイプは車高が低く、駐車場内を歩く歩行者から横になって寝ている姿が見られやすい欠点がある。

・避難生活を送った母から、寝ている姿を見られることが非常に不安だったとの話があり、遮蔽性と、出入りのしやすさとの両立が重要であることが考えられる。

バンタイプ乗用車の荷室

車中泊での感覚を体験してみる

共感において一番有効なのは、頭のなかで考えるだけでなく、自分で実際に体験してみることです。避難所での体験はできなくても、実際にバンタイプの自動車のなかで寝てみることで、圧迫感や、車の外からの視線がどのように感じられるかを体験してみました。

課題の解決に向けた発想とプロトタイプ

　課題を整理する中で、クッション性と保温性に優れ、簡単に折りたたんで収納ができる段ボールを使用することに決め、早速検討を開始しました。

　今回のように、比較的簡単に実際に試すことのできるプロトタイプの制作が可能な場合は、図面やスケッチで検討するよりも、まず、段ボールを切って、実際に試すことが有効です。大きな１枚から折り曲げるのが良いか？　パー

ツに分けて組み立てるのが良いか？　思いついたアイディアの試作を繰り返しました。

車中泊ベッドの組み立て（1）

車中泊ベッドの組み立て（2）

組み立ての完了した車中泊ベッド

片手で運べる段ボールケース

　段ボールによる試作を重ね、最終的に地元の段ボールメーカーの支援もいただきながら、以下の機能を持つ試作品を提案しました。

　・両サイドにバンタイプの窓の高さに合わせた側板を設けることで、車の
　　外から中の見えにくい構造。

　・左右の側板を設けることで、そのまま体育館などの避難所においても、使
　　用することも可能。

・ベッド面と左右の側板からなり、折りたたんだ側板の下側を車の車幅に
合わせて差し込むことで、さまざまな大きさの車に対応。

・折りたたむことが可能であり、段ボールケースに収納することで、片手で
簡単に持ち運ぶことが可能。

・左側側板の前方はドア状に折り曲げて開くことが可能で、後ろのドアか
らの車への乗り降りが可能。

市役所の防災研修でのデモ

　提案したデザインは新聞等でも取り上げられ、浜松市役所職員による防災
研修で紹介された際のアンケート調査では、そのコンセプトが高く評価され
ました。製品化に向けては軽自動車種対応や防水対応など、まだ越えなけれ
ばならないハードルがありますが、段ボールさえあれば簡単に作れるため、い
ざという時に備え、大きめの段ボールとカッターを駐車場に保管しておくのも
良いかもしれません。

　その翌年、後輩となる久保田茉那さんは、同じく災害に備えた組み立て式の簡易型トイレを提案しました。避難所ではトイレが一番困ったとの新聞記事を読み、同じように、段ボールでいくつもプロトタイプを作りながら、検討を重ねました。

防災用組み立て式簡易型トイレ

　また、2020年には、コロナ禍において、障害のある人たちは大変苦労されていると聞き、伊東海侍さんは、車いすの利用者に向けた飛沫防止用の防護シールドのデザインを考えました。

　当初、発泡スチロールのボードを使って、量産を前提とした曲面的なデザインを考えましたが、その後、だれでも簡単に作れるようにしたいと考え、ホー

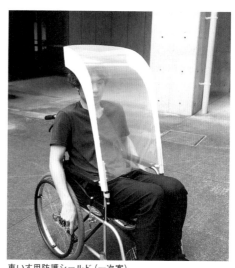

車いす用防護シールド（一次案）

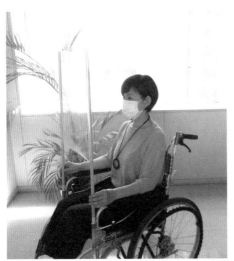
車いす用防護シールド（最終案）

介助者との間にも取り付け可能

ムセンターで簡単に手に入る材料で試作を重ねました。最終的に、丸棒とビニールシートで、誰でも簡単に作れる案を提案しました。車いすの利用者が安心して他の人と会話を楽しんだり、介助者とも安心してコミュニケーションをとることができるシールドとして、大学のホームページで制作方法を公開しました。

5

経験をデザインするツール

デザイン思考はさまざまな課題解決に使えますが、特にユーザーなどの体験を対象とした、経験のデザインに対して有効です。本章では、デザイン思考で使用される手法のなかで、特に経験の分析や可視化に有効な３つの代表的なツールを活用事例と合わせて紹介します。

経験のデザイン

　経験をデザインするとはどのようなことでしょうか。デザイン思考をいち早く実践して来たIDEO社では、当時、デザイン思考と並行するタイミングで「インタラクションデザイン」の概念も開発されていました。

　私が、はじめてデザイン思考を知るきっかけとなった、アメリカでの駐在業務から日本に戻って何年か経った頃、IDEOから職場にビル・モグリッジさんらによる『DESIGNING INTERACTIONS』（Bill Moggridge 著／The MIT press）という700ページをこえる本が送られてきました。

　同書の冒頭にインタラクションデザインの発生について書かれたページがあります。"I felt that there was an opportunity to create a new design discipline"（私は、新しいデザイン分野を作る機会だと感じた）から始まるセンテンスを読み進めていくと、「これは工業デザインに相当するものだが、3次元の物体ではなくソフトウェアだ。工業デザインと同様に、製品やサービスに対するユーザーの要求に沿って、美しさだけでなく使用する喜びを与えるものだ」との記述があります。

　そして、その概念を表す事例として、今では誰もが当たりまえに使用するコンピューターのマウスとともに、GUI（グラフィック・ユーザー・インターフェース）と呼ばれる、現在ではスマホの操作に欠かせない操作画面の開発ストーリーなどが紹介されています。

　マウスには、まず、プロダ

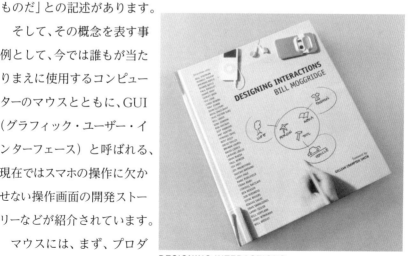

DESIGNING INTERACTIONS

クトデザインとして、必要なメカニズムを内蔵した上で、オフィスの環境になじむ美しさや思わず手に取りたくなる造形であることなどが求められます。

　また、机の上で自由に動かし、的確にクリックできる機能性も重要です。一方、GUIは、ユーザーが直感的に何をすれば良いか、今なにが起こっているのかを理解できるようデザインする必要があります。そして、片や3D（立体）、片や2D（平面）であるマウスとGUIが一体となって、コンピューターを操作するというユーザーの体験や経験をサポートします。すなわち、インタラクションデザインとは経験のデザインといえます。

　シリコンバレーに位置するIDEOは、情報化時代をリードしてきたアップルを始めとする多くのIT企業とのコラボレーションのなかで、いち早くインタラクションデザインの重要性に気づいたようです。そして、情報化の進展を受け多様化・複雑化するサービスに対応したインタラクションデザインを始めとする、自社の最新のデザインプロセスを、だれでも使えるように一般化したものがデザイン思考と考えることができます。

　日本でもデザイン思考という言葉が知られはじめた2000年頃、私が勤めていた電機メーカーのデザイン部門でも、試行錯誤を行いながら、鉄道事業など社会システム開発に向けたデザインの開発を進めていました。

　人と情報との関係を考える時、人が外から取り入れる情報はインフォメーション、人と人の双方向の情報のやり取りはコミュニケーション、人と機械やシステムとの双方向の情報のやり取りはインタラクションと定義されます。そのように考えると、私たちが鉄道の駅で駅員さんに何かたずねる行為はコミュニケーションとなります。

　しかし、現在では、駅におけるほとんどの情報やサービスは、駅に設置された機械や、情報システムとのインタラクションによって提供されます。自

動券売機、自動改札機、電光掲示板による情報提供など、すべてがインタラクションデザインの対象となります。

　そして、それらのサービスを統合して、鉄道を利用する通勤客、休日に出掛ける家族連れ、初めて日本を訪問した外国人など、さまざまな立場に立った課題解決を考え、快適な鉄道の利用環境を提案することもデザイン思考の対象となります。

　経験のデザインは、時間軸に沿ったデザインとも言えます。鉄道利用者が駅についてから列車に乗るまでの経験を時系列に書き出してみると"切符を

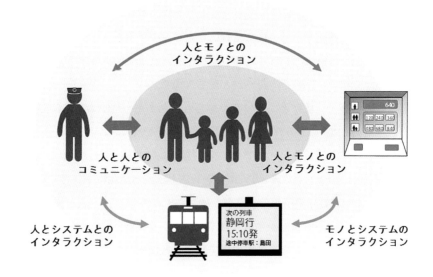

鉄道事業者のサービスにおける情報環境

買う⇒自動改札機を通る⇒目的のホームに行く⇒列車の到着時間を確認する⇒乗車する"と書き出すことができます。

　このような経験は、Suicaなどの非接触ICカードを利用するケースや、ホームの自動販売機でコーヒーを購入するなど人によって異なり、さらに車いす使用者であればエレベーターを探したり、駅員さんに補助を求めるというように変わってきます。経験のデザインでは、まずこのように対象者によってそれぞれ異なる行動を把握することが求められます。

　デザイン思考では、観察やインタビューを通して、人々の駅での体験や経験を知ることで共感につなげますが、同じく共感の手法として紹介した共感マップは、その時点での不満や問題点の発見に活用できます。また、定義の手法として紹介したカスタマージャーニーマップとサービスデザインマップは、駅での行動を時系列に書き出すことで、対象者の思考を推測したり、関係者間の連携を検討するために有効に活用することができます。

　これらの手法は、スケッチなどのように絵を描くことで視覚化する手法（スキル）ではありませんが、キーワードを時系列に書き出す作業などを通して、考察や分析を容易にするという点では、同じく視覚化を目的とした、手を動かしながら考える手法（ツール）といえます。

　ここで改めて紹介する3つのツールは、フォーマットに従って文字や記号を記入することで、経験を可視化するツール（手法）となります。可視化された経験を分析することで、課題発見、解決策の考察に繋げます。

体験から思考をあぶり出す
共感マップ

共感マップは、対象者の経験である①発言と②行動を記録し、それを基に③思考と④感情を推測し、記入する過程を通して、対象者に共感し、課題を発見することを目的に活用します。

Say (言ったこと) ①発言	Think (たぶん考えていること) ③思考
Do (したこと) ②行動	Feel (たぶん感じていること) ④感情

不満やストレス ⑤問題点	要求や必要なこと ⑥改善策

共感マップの基本構成

記入に際して ①発言と②行動はなるべく正確に記入しますが、③思考と④感情は推測となるため、あまり考えすぎず、直感的に記入してもかまいません。

最後に、①～④をじっくり見直すことで、対象者の気持ちに共感しながら⑤不満やストレスに問題点、⑥要求や必要なことに改善策を記入します。

次に、子どもが1人で犬を散歩に連れて行く動画を見ながら、共感マップを活用しました。子どもの気持ちに共感することで、子どもでも簡単に使える、犬の散歩用ティッシュの開発というアイディアが浮かんできました。

子ども・犬のさんぽ の共感マップ

SAY（言ったこと）	THINK（たぶん考えていること）
え！キャンディ うんち？ ↘ 犬の名前 	早く片付けないと
DO（したこと）	FEEL（たぶん感じていること）
ティッシュで拾って 握りしめる 	汚れないように包まないと…

不満やストレス	要求や必要なこと
ちゃんと片付けないと おかあさんに怒られる	もっと簡単に包めばいいのに

犬の散歩に行く子どもの共感マップ

体験から課題を見つける
カスタマージャーニーマップ

　共感マップでは、対象者の発言と行動から思考と感情を推測しましたが、カスタマージャーニーマップでは、対象者が置かれた状況（プロセス）と接点から時間軸に沿って思考や感情を推測します。

　対象者が関わりをもつ人やモノを記述する"接点"という概念を通して、経験を一目でわかるように記述することができます。

カスタマージャーニーマップの基本構成

　カスタマージャーニーマップは自分の経験をもとに、その時の気持ちを思い出しながら記入することもできます。一方、ユーザーなどの対象者の行動を観察しながら記入するケースでは、①プロセスと②接点は時間軸に沿って観察結果などを正確に記入し、③思考と④感情は共感マップと同じように推測しながら記入します。

　授業では、女優の満島ひかりさんが出演するビール会社のCMを見ながら、カスタマージャーニーマップの練習をしました。

　まず、タイトルを記入後、満島さんがお店に入ってビールを飲むまでのプロセスを記入します。

　次に、接点の欄に、各プロセスで何と接点を持ったかを記入します。ここでは目に入った"看板"や、声をかけられた"店員"などが接点となります。

　思考の欄にはその時に満島さんが考えたと思われること、感じたと思われることを想像して記入します。

　最後にプロセスの欄に戻り、満島さんの（今回の場合は）気分の盛り上がりを曲線で記入します。

　今回、課題施策の欄に記入はありませんでしたが、"女性が1人では入りにくい雰囲気"などが課題として考えられるかもしれません。

ひとり居酒屋のカスタマージャーニーマップ

人々の関係性を可視化する
サービスデザインマップ

　カスタマージャーニーマップでは、状況（プロセス）における1人の対象者の行動から、思考と感情を推測しました。これに対して、サービスデザインマップでは、状況を構成する関係者それぞれの経験を並行して書き出すことで、サービスの全容をつかむことができます。

　デザイン思考と同様なプロセスを用いることで、企業や自治体などのサービスの向上を目的とした、サービスデザインと呼ばれるデザイン分野があります。学会などで、ヨーロッパの大学でデザインを教えている先生たちと話をしていると、デザイン思考よりもサービスデザイン教育が盛んに行なわれているようです。また、イギリスの政府や自治体等のWebサイトには、サービスデザインを取り入れることで、公共サービスの質を高めていると思われる記述も多く見られます。

　サービスデザインマップは、サービスブループリントとも呼ばれ、分析の対象となるユーザーとは直接的には関わらない（カスタマージャーニーマップの接点には現れない）、後方業務を行うスタッフの行動なども書き出します。それにより、サービスの全容を明らかにすることができるため、スタッフの有効活用に役立てたり、業務マニュアルとして活用することもできます。

　右に事例を示したサービスデザインマップでは、顧客以外に3名のスタッフの行動を描き出していますが、検討すべき関係者の数に応じて行を増やすなど、フォーマットにこだわらず、フレキシブルに活用します。

　カスタマージャーニーマップと同様に、満島ひかりさんが出演するビール会社のCMでサービスデザインマップを練習しました。

　満島さんに声を掛ける店の店員さん以外にも、コマーシャルには登場しませんが、おいしそうな料理を作ってくれるキッチン担当の店員などの行動も

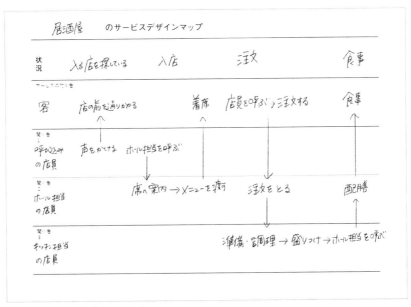

居酒屋のサービスデザインマップ

記入対象とします。

　なお、上に示した事例に記入はありませんでしたが、CMでは他のお客さん達が、満島さんの飲みっぷりの良さに拍手をするシーンがありました。他の客という欄を準備しても良かったかもしれません。

自分の体験をマップに表す

　皆さんには、病院で長い時間待たされたり、注文した料理がなかなか出てこないなど、イライラした経験はありませんか。

　病院や店が混んでいたことが原因かもしれませんが、業務のプロセスを少し変えれば改善の可能性もあるかもしれません。昼休みを挟んだ集中講義では、実際に宅配ピザを注文し（楽しそうな授業！）、その体験をカスタマージャーニーマップやサービスデザインマップで検証しました。

　学生達は、電話ではなくネットで注文をしました。届いたピザはWeb画面で見たメニューと合っていたか？　待っている時はどのような気持ちだったか？などを付箋に記入し貼りこんでいきます。

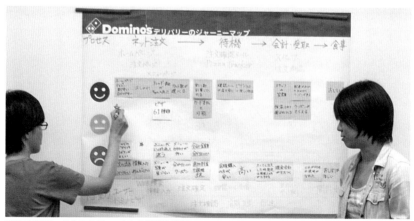

宅配ピザのネット注文をテーマにした授業の様子

カスタマージャーニーマップ　for PIZZA

プロセス（ステージ）	検索	店舗選択	商品選択	注文	待ち時間	会計	食事	片付け
接点	ドミノピザ webサイト	ピザ トッピング	注文画面 確認画面		配達人 伝票 ピザ	パッケージ ピザ		
思考	HPどこ？ 宅配される？	メニューがカタカナで読みにくい トッピングの選択が難しい	種類が多く 選択が大変	爽やかな人 web注文時に一人分の金額がわかり、精算が楽	長い	期待 お手拭渡し おいしい	ごみは どこに捨てよう	
感情	期待		不安			嬉しい		
課題施策	わかりやすい言葉	配達場所の検索方法の工夫	味の種類別 カテゴリー	ピザに GPS追跡機能を付加	大量のピザを一度に運びきれない 宅配人数を増やす			コンパクトに折りたたむことができる箱

　注文時にメニューがわかりにくかったこと、食べ終わった後ケースが捨てにくいことに気づいたようです。

サービスブループリント　for PIZZA

接点・タッチポイント	WEBページにアクセスする	注文する		配達	受け渡し・会計	食べる
ユーザー行動	WEB検索	情報入力		待機	ピザ受け取り 料金支払い	食べる
ユーザーと直接接する担当者の行動		配達者の選考 ピザを袋にまとめる	車・バイクの運転		注文とあってるか中身を確認 ピザの受け渡し 代金受け取り	店に戻る
ユーザーと直接接しない担当者の行動		注文受託 ピザの調理	配達準備	問い合わせの対応		
サポートシステムやサポート人員の行動		注文受託 確認メールの送信 ユーザーからの注文を担当者へ	ユーザーへの受け渡し場所を確認 伝票出力			売り上げの管理

　このサービスブループリント（＝サービスデザインマップ）では、バックヤード業務の効率化について検討しているようです。

医療システム開発への
サービスデザインマップの活用

重粒子線治療システム

　カスタマージャーニマップやサービスデザインマップは、デザイン開発のさまざまな場面で活用されています。ここでは、私が電機メーカー在籍中に関わった医療システムの開発における、サービスデザインマップの活用例を紹介したいと思います。

　がんの克服は現代社会において重要な課題です。体内のがん細胞に、放射線のひとつである重粒子線を照射することで、正常細胞へのダメージを最小限に抑えながら死滅させる治療法である、重粒子線治療システムの開発に携わる機会がありました。デザイン思考を活用したデザイン開発により、医療スタッフと患者の双方の気持ちに共感することで、スタッフが円滑に作業でき、また患者も快適に治療を受けられる医療環境の実現に向け開発を進めました。

医療スタッフとの対話による課題の定義

　まず、現場の医療スタッフとディスカッションを重ねることで課題を調査した結果、以下が抽出されました。

① **医療スタッフ間のコミュニケーション**

　重粒子線治療には非常に高い精度が必要とされ、準備段階も含め大きく10段階のステップによるワークフローがあるため、それぞれのステップで役割を持つスタッフ間での綿密な連携が必要となる。

② **医療スタッフと患者のコミュニケーション**

　現場の医療スタッフの一番の要望は、患者と接する時間を大事にしたいということであり、そのためには、複雑なワークフローで発生する業務負担を

できるだけ軽減することが課題となる。

③　患者の治療に対する不安の軽減

複雑なワークフローの各ステップの間で発生する、多くの待ち時間は患者の不安感を強める原因となる。

サービスデザインマップによるプロセスの可視化

医療スタッフとのディスカッション結果を基に、「重粒子線治療のフローに沿った、患者とスタッフの行動を表すサービスデザインマップ」を次のように作成しました。重粒子治療の各ステップにおける患者とスタッフの関係を書き出すことで、「どのタイミングで」、「誰と誰が情報を共有すべきか」を明らかにしました。

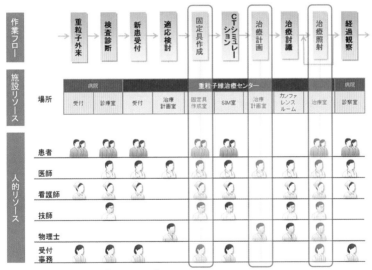

重粒子線治療のサービスデザインマップ

デザイナーによる医療スタッフへのヒアリング

「おもてなし」をコンセプトとした
デザイン開発

　抽出された課題から、医療スタッフと患者のコミュニケーションが円滑に行われ、スタッフが円滑に作業でき、患者が安心して治療を受けられる環境の実現が求められると考えました。そこで、相手の立場になって客を歓待するという意味をもった日本語である「おもてなし」をコンセプトとしたデザイン開発を行いました。

　サービスデザインマップを基に、スタッフと患者のコミュニケーションを第一に考え、システムのインターフェースデザインと装置のプロダクトデザインを統合し、トータルな治療環境の実現を目指して開発を進めました。

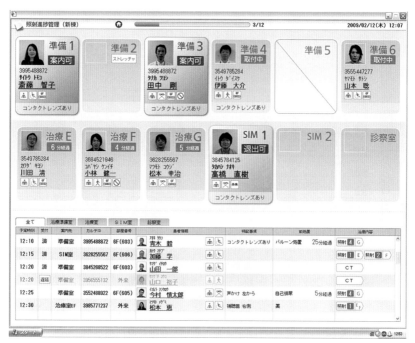

スタッフが患者情報を共有することで業務を効率的に進める情報デザイン

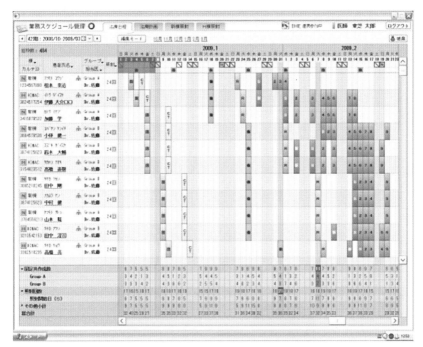

患者のスムーズな案内に向けた治療状況確認画面

　先進的で未来感ある治療装置のデザインの目的は、患者が自分の体を安心して任せられること、安心感をあたえる環境を提供することです。加えて、アーム式の治療台は、今まで医療スタッフ２人がかりで持ち上げていた患者を固定するカプ

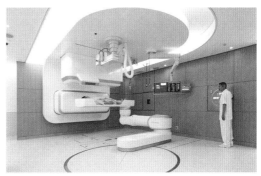

重粒子線治療システム

セルを自動的に寝台から持ち上げ、計画した照射位置までのミリ単位での移動を可能とすることで、医療スタッフの業務負担の軽減にも大きく寄与することを目指しました。

　また、治療進捗状況をどこにいても確認できる情報端末の設置により、スタッフが患者の治療進捗状況をいつでも把握し、声をかけやすくすることで、患者の心理的負担を軽減しました。

　本プロジェクトでは、医療スタッフ、技術チーム、デザインチームが連携し、サービスデザインマップを用いて治療のフローを共有することで、医療スタッフと患者双方の経験に視点を当てたトータルな医療環境を提案することができました。

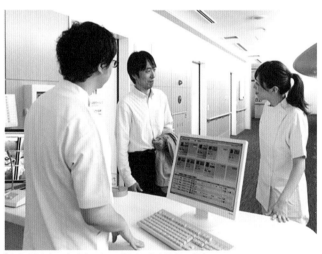

「おもてなし」に向けたスタッフ間での患者情報の共有

6

デザイン思考にチャレンジ

デザイン思考の活用事例として、学生達が
これまでにチャレンジしたデザイン提案や
研究成果を紹介します。
プロジェクトの目的に合わせた各手法の活
用方法や表現スキルの活用事例として参考
にしていただければと思います。

こどもトリセツ

　2020年度「デザイン思考」の授業で、オーナーズマニュアルなど取り扱い説明書のデザインを手掛ける、株式会社クレステックからテーマを提案してもらい、チャレンジした課題を紹介します。

　子どもから見た大人に向けた、子どもの取り扱い説明書こと「こどもトリセツ」です。

　皆さんも、子どもから見た大人の理不尽な振る舞いや、理解してもらえない経験をしてきていると思います。

　相手は親や学校の先生など身近な大人、または一般的な大人へ向けた「トリセツ」という形で表現しました。

　79名の学生達は13のグループに分かれて、演習を行いました。

　皆さんも子どもの頃、「大人はわかってくれない！」と感じたり、大人になって子育てを経験する中で「もしかしたら、幼かったあの頃の私みたいに、この子はこんなことを考えている？」と気づきがあった経験があるのではないでしょうか。学生達は、授業で新しいツールを学ぶたびに、それを実践しながら「こどもトリセツ」を考えました。

　デザイン思考には、このツールはここでしか使ってはいけない、このように使わなければいけないといった決まりはありません。学生達も各グループの検討状況に合わせて自由にツールを活用しました。

親子で一緒に読む「こどもトリセツ」の表紙案

共感

　もし身近に子どもがいれば、不満そうな顔をしている時、その原因は何かを考えながら観察しましょう。

　学生達はまだ自分たちが子どもだった頃をよく覚えている年齢であることから、参加者同士で相互に子ども時代の思い出についてインタビューを行いました。

　その後、家に帰って親にインタビューを行う（下宿している場合は電話インタビュー）、弟や妹がいる場合は様子を観察するなど、情報を集めました。

〈質問例〉

　①子どもの時、想い出に残っていることは？

　②周りの大人は分かっていないと感じたことは？

　③その時、思ったことは？

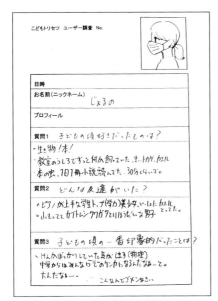 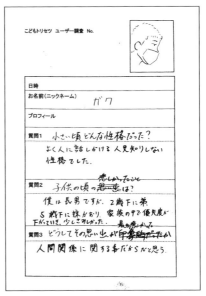

学生達によるインタビューシートの例

定義

まず、子どもを中心にして学校のこと、家庭のこと、人間関係のことなど、マインドマップを描きながら不満の原因がどこにあるのかを考えました。

次に、子ども達が不満を感じる過程について、カスタマージャーニーマップを用いて分析しました。

マインドマップ:

学校や家庭における子どものトラブルについてマインドマップを制作しながら検討しました。家庭では親や兄弟、学校では先生や友達といったキーワードから、どこで、どのようにトラブルが発生するのかを書き出します。

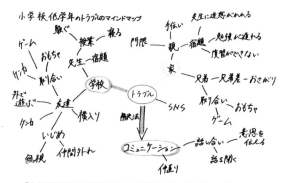

「小学校低学年の子どものトラブル」のマインドマップ

カスタマージャーニーマップ:

心配がいつの間にか怒りに変わる親の気持ち。イライラする子どもの気持ちの変化をカスタマージャーニーマップに表現しながら、トラブルの原因を分析しました。

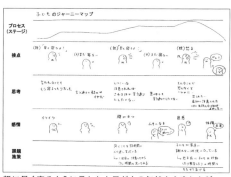

親に早く寝るように言われた子どもの気持ちを表したジャーニーマップ

ペルソナ：

こちらのグループでは、中学生の娘とその父親のペルソナを作りながら、親子の関係についての議論を進めました。

中学生の娘とその父親のペルソナ

発想

定義の過程で明らかになった問題点を共有しながら、「こどもトリセツ」をテーマにブレインストーミングを行います。

付箋に書かれたアイディアを分類しながら、「このあたりはもう少し広げられるかもしれない」、「ここは新しい発見かもしれない」など、お互いに思ったことを声に出しながらアイディアを広げます。

ブレインストーミング：

1セッション15分、休憩をはさんで3セッションのブレインストーミングを行いました。

交代でファシリテーターを務めながら全員の意見が得られるように進めました。

ブレインストーミングの様子

ブレインストーミング結果の分類：

メンバーから出されたアイディアのなかから、似ているもの同士を集め、分類しながらさらにアイディアを広げます。

学生達は、大学のシステムを活用することで、授業外の時間でも自由にアイディアを書き込めるようにするなど、オンライン上での検討も進めました。

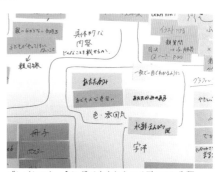

ブレインストーミングで出されたアイディアの分類

絵コンテ：

これまでの検討結果をもとに親子のトラブルや解決策のアイディアを絵コンテに表現しました。

カスタマージャーニーマップやペルソナで描かれた登場人物達がさまざまなシーンを演じます。

子どもも親の気持ちを考えることができ、親も子どもの気持ちを考えることができるもの。	タブレット端末を使用したいので、Webのようなスタイルでかつ、読みやすいもの。
中学生と近所の人、親を対象みんなが簡単に見られる形（Web、ポストに入るチラシとか）	中学生の気持ちを入れるわかりやすいイラスト入り
思春期の時の受験生としての悩みなどを親や教師に伝える、またその時にして欲しい関わり方や距離感の例を挙げる。	漫画のような形、または画像。
思春期について扱っている	色がカラフルに入ると良いかも

オンライン上でのアイディアの書き込み

スマホの遷移画面として描かれた絵コンテ

親子喧嘩の絵コンテ

プロトタイプ

　質問に答えながら子どものタイプを入力することで適切な対応例が表示されるアプリ、通常のメールのやり取りとは異なる形でコミュニケーションを媒介するアプリなど、多くのグループからスマートフォン用アプリによる「こどもトリセツ」が提案されました。いくつかの事例を紹介します。

小中学生の女の子のためのこどもトリセツ

親子のコミュニケーションを助けるアプリ

子どもの特徴や傾向を性格診断のように出してくれるアプリ

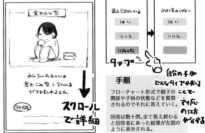

子どもの傾向や性格に合わせたアプリ

テスト

　プレゼンテーションには、146ページに前述しました株式会社クレステックにも参加いただき、フィードバックをいただきました。

プレゼンテーションの様子

BED プロジェクト

　「BEDプロジェクト」(ベッドサイドの環境デザインプロジェクト)は病室のベッド周りを快適にすることで、入院環境を少しでも快適にすることを目的としたプロジェクトです。

　2020年度の「デザイン思考」の授業では、前半は「こどもトリセツ」をテーマに各手法の使用方法やデザイン思考のプロセスを学習したのち、後半は、「BEDプロジェクト」にチャレンジしました。

　「BEDプロジェクト」は静岡県浜松市内にある、聖隷クリストファー大学看護学部の先生達が中心となって活動している、病院における入院環境の改善を目的としたプロジェクトです。静岡文化芸術大学の教員や学生達も参加しており、同プロジェクトの中心を担う、看護学部の先生や看護師さん達にアドバイスをいただきながら進めました。

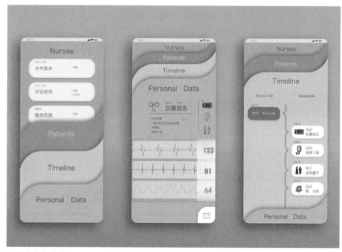

入院患者と看護師をつなぐナースコールアプリの提案

共感

　学生達の多くは入院の経験は無いため、何名かの入院経験のある学生と、病院に勤務する現役の看護師にインタビューを行いました。入院中、何が不便か、不安かなどについてのインタビューを行いながら、すでにマインドマップを使い慣れている学生達は、早速マインドマップにまとめ始めました。

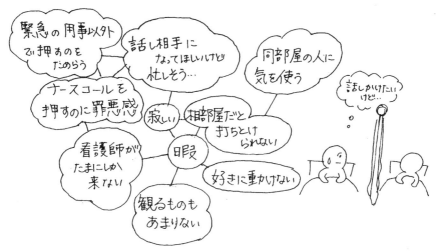

入院経験者へのヒアリングに基づいたマインドマップ

看護学部の先生へのヒアリングに基づいたマインドマップ

定義

グループディスカッションを行いながら、マインドマップやカスタマージャーニーマップを用いて入院環境における課題を探りました。一般的なフォーマットにとらわれず、イラストを組み合わせるなど自由なフォーマットで検討を進めるグループも多く見られました。

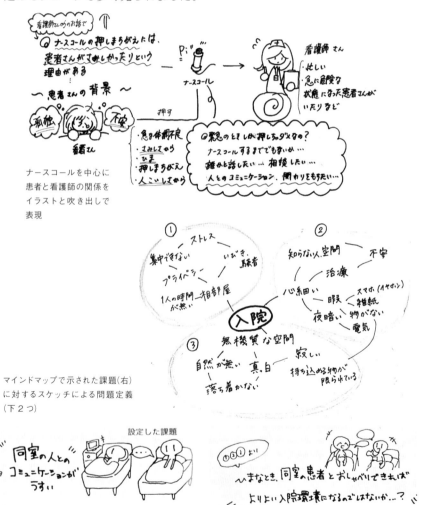

ナースコールを中心に
患者と看護師の関係を
イラストと吹き出しで
表現

マインドマップで示された課題（右）
に対するスケッチによる問題定義
（下2つ）

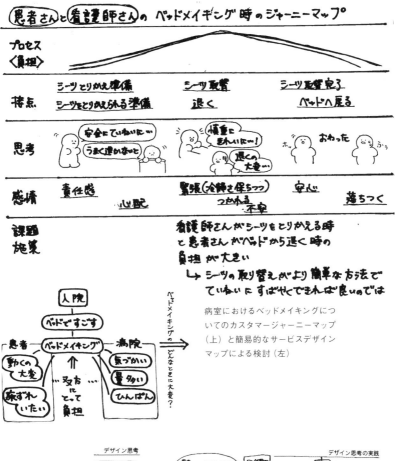

病室におけるベッドメイキングについてのカスタマージャーニーマップ（上）と簡易的なサービスデザインマップによる検討（左）

病室内の過ごし方から、同室の患者や看護師とのコミュニケーションに注目したディスカッションのグラフィックレコーディング

発想

　入院環境をテーマにマインドマップやカスタマージャーニーマップを用いることで定義した問題点について、ブレインストーミング、ポジショニングマップを用いて解決案を発想します。

話し合いながらのスケッチ制作

ポジショニングマップ

プロトタイプ

　頻繁に看護師を呼び出す患者がいる一方、遠慮して、なかなかボタン押せない患者も多いナースコールについて、多くのグループがテーマに取り上げました。

　また、入院中の孤独な気持ち、ベッドメイキングの問題点、および病室の殺風景なインテリアの改善に向けた提案なども見られました。

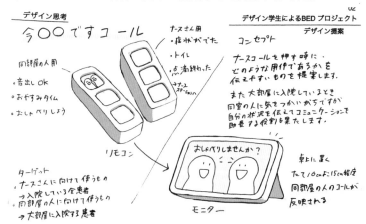

複数の機能を持つナースコールの提案

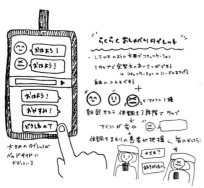

入院中の孤独な気持ちをいやすアプリの提案

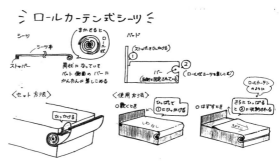

シーツ交換を自動で行うベッドの提案

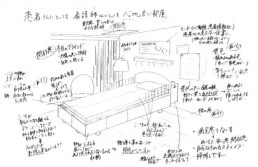

患者にとっても看護師にとっても心地よい病室の提案

メッセージを残せるホワイトボードのある病室の提案

テスト

「BEDプロジェクト」のリーダーを務める聖隷クリストファー大学看護学部の炭谷先生にオンラインでプレゼンテーションを行い、講評をいただきました。今後の「BEDプロジェクト」に少しでも役立てばうれしいです。

オンラインによるプレゼンテーション

高齢者向けの
レクリエーションゲーム

　現在、日本では、1人暮らしの高齢者が増加傾向にあり、社会からの孤立や孤独死が問題となっています。高齢者にとって、他者と交流を図り、孤独感を解消することで、楽しさや喜びを見出したりすることのできるレクリエーション活動に向けたゲームを考えました。

　レクリエーションには、仕事・勉強の疲れをいやし、回復する効果があります。特に高齢者に対するレクリエーションには、他者とのコミュニケーションの促進や脳の活性化に加えて、身体機能の向上など多くの効果が認められています。

　また、特に「身体を動かすレクリエーション」には、一人ひとりの身体機能に合わせたやり方で適度な運動を行うことで、老化現象の改善、寝たきりの防止などの効果が期待できます。

　中国からの留学生のテイ・コウモさんは、中国でも日本同様に増加傾向にある高齢者の脳と体の健康を維持することで、社交性を拡大し、孤独な気持ちも解消できるゲームを開発したいと考えました。

高齢者向けレクリエーションゲーム

共感

高齢者施設のレクリエーション活動への参加

テイさんは、毎週土曜日、浜松市の老人福祉センターを訪問し、元気はつらつ教室に参加する高齢者と一緒にレクリエーション活動に参加することからはじめました。訪問を続けるなかで、レクリエーションの種類は大きく「集団レクリエーション」、「個別レクリエーション」、「基礎生活レクリエーション」の3種類に分けられること。元気はつらつ教室では、運動形式別に「身体を動かすレクリエーション」、「手先を使ったレクリエーション」、「頭を使うレクリエーション」、「口腔機能を高めるレクリエーション」、「音楽や歌、異世代交流など」の5種類に分けていることなどを学びました。

数か月間にわたる、レクリエーション活動への参加の結果、高齢者は、同年代の人とおしゃべりをすることが楽しみであること、チーム対抗によるグランドゴルフや射的など身体を動かしながら頭も使うゲームが好きなこと、ゲームが始まると熱中して負けず嫌いであることなどがわかりました。

定義

高齢者向けゲームに求められるもの

高齢者ケアにおけるレクリエーションについて、次ページの図のように整理するとともに、老人福祉センター訪問により得た共感から、高齢者がゲームに求めるニーズとして以下を定義しました。

・身体を動かしながら頭も使うゲーム

・チーム対抗で、仲間への声かけが可能なゲーム

・勝敗がはっきりするゲーム

・安全にプレイできるゲーム

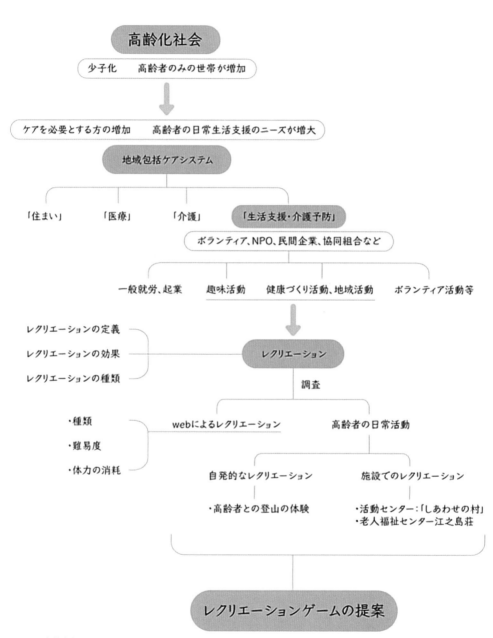

高齢者ケアにおけるレクリエーション

発想

　定義されたニーズに基づいて、道具を使ってモノを運ぶゲーム、うちわをあおぐことで筋力の維持と強化ができるゲーム、および口腔機能を強化するためにストローを使って吹くゲームなど、スケッチや簡易的なモデルを制作しながら検討しました。

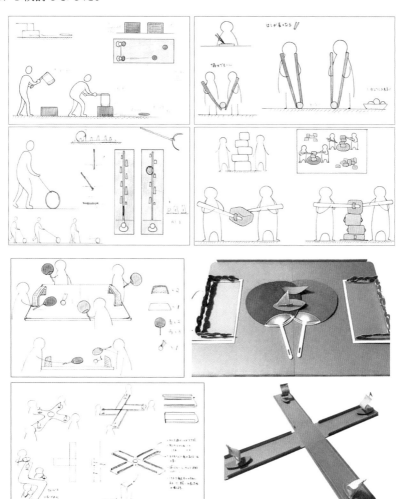

ゲームを検討するスケッチとモデル

プロトタイプ1

　発想したアイディアのなかから、2チームが左右に分かれて座り、1チームがゴールを目指してボールを運び、もう1チームはボールの進路を妨害するようにコースを変形させるゲームを考え、制作しました。

　ボールを運ぶチームのメンバーの1人がストローでボールを吹き、両チームが互いにコースを動かしながら進路を確保したり、邪魔をしたりします。

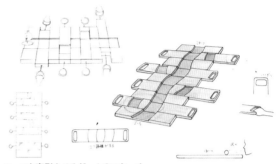

コースを変形させるゲームのスケッチ

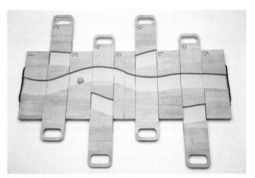

コースを変形させるゲームのモデル

テスト1

　腕を使う、息を吹くといった運動により身体機能を回復する効果が期待でき、楽しみながらコミュニケーションが深まる様子が確認できました。一方、ルールが複雑で。よく理解できないなどの問題点も明らかになりました。

高齢者施設でのプレイテスト

プロトタイプ2

　テスト1の結果に基づいて、モデルの改善を行いました。今回提案のポイントは板を傾けてボールを移動させることと、コースを自分達で作れるようにしたことです。

板を傾けるゲームのモデル

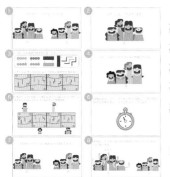

ルールの説明シート

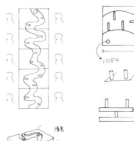

モデルのための構造検討

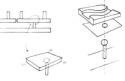

テスト2

　ルールがプロトタイプ1と比較して、高齢者にも分かりやすくなったこと、ハンドルを操作しながら板を傾けるゲームは、指先の筋力の強化に効果があること、障害物の配置を考えながらコースをつくることは脳の活性化につながることが確認できました。

高齢者施設でのプレイテスト

心臓マッサージ練習キット

　心臓マッサージの目的は、止まってしまった心臓に外から力を加えて血液を送り出すことで、脳などの大切な臓器に酸素を送り続けることです。心臓が停止してしまうと、3分で死亡率が50％を超えるといわれる一方、119番通報を受けてから救急車が現場にたどり着くまでの平均時間は8分を超えるといわれています。[*]

　現在、心臓マッサージ講習の多くは学校や自治体などで行われ、訓練には人体マネキンが使用されています。しかし、人体マネキンは高価であり、大きく保管場所をとるため講習会の参加者数に対して十分な数を準備することが難しく、また、講習を受けてもどのくらいの強さで圧迫したらよいかわかりにくいとの問題点が指摘されています。

　上記の課題を感じてきた医師の呼びかけにより、質の高い心臓マッサージの普及に向けた練習キットの開発に参加する機会を得ました。

協力して課題を進めるチームワーク：

　開発は、心肺蘇生に関わる研究者として、現在の心臓マッサージ講習に問題を感じてきた医師の呼びかけにより始まりました。

　プロジェクトは、医療チーム（東邦大学医学部）、技術チーム（サカイ産業株式会社）、およびデザインチーム（静岡文化芸術大学デザイン学部）の3者がそれぞれの知見を持ち寄ることで進めました。本学からは私とともにゼミ生の鈴木美香さんが、特に子ども達に向けたコミュニケーションデザインの視点から参加しました。

共感

心臓マッサージ講習会への参加

　浜松市消防局による心臓マッサージ講習を中心とした救急救命講習に参加しました。講習では、外国製の成人男性の上半身を模した人体マネキンが使用されました。販売価格帯が10万円近くになるこのタイプのマネキンの重量は付属品を含めて5キログラム、ケースに収納した大きさも80cm近くになります。

　人体マネキンの樹脂製の胸部は、強く圧迫することで約5cm凹みます。しかし、手に触れた感触は人体とは異なり固く、圧迫に対するリアクションもないため、適切な圧迫強度を知ることは難しく感じました。講習では、心臓に外から力を加えることで血液を拍出させる心臓マッサージの仕組みに関する説明はなく、心臓マッサージの仕組みを知ることは難しく感じました。

　女性の参加者からは、顔の凹凸をリアルに再現した人体マネキンの印象は圧迫感があること、小学校で講習を受けた子どもは怖がっていたとの話も聞かれました。

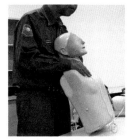 

人体マネキンを使用した心臓マッサージ講習

定義

デザインコンセプトの検討

　講習会への参加と報告されてきた課題等から、人体マネキンを使用した心臓マッサージ講習に対し、以下の問題点が考えられました。

- ・心臓を圧迫することで、脳に酸素を送り込む心臓マッサージの役割がわかりにくい。
- ・圧迫の正しい強さ、深さ、ペースがわかりにくい。
- ・成人男性の上半身を模した外観に圧迫感がある。
- ・サイズが大きく移動や保管に手間がかかる。

心臓マッサージ講習のマインドマップ

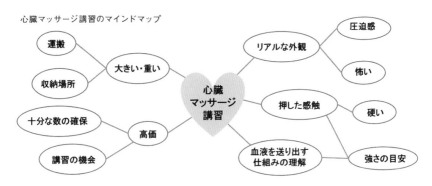

　以上の問題点から、小中学生も対象とした学習キットとして、心臓マッサージの目的や仕組みが理解できること、学習意欲のわくデザインであることを課題として定義し、以下を目標として開発を進めることにしました。

① 見えるデザイン：

　心臓を圧迫することにより脳に酸素を送り込む心臓マッサージの仕組みが見えることで、心臓マッサージの目的がわかるデザイン。

② 親しみやすいデザイン：

　小学生でも怖く感じることがなく、学習意欲がわくデザイン。

③ 知るデザイン：

　心臓を圧迫する強さ、深さ、ペースとともに、圧迫の正しい位置を知ることのできるデザイン。

発想	プロトタイプ

①見えるデザイン

心臓を圧迫することにより、脳に酸素を送り込む心臓マッサージの仕組みがわかるように、血液の流れを表現したいと考えました。そこで、技術チームは心臓に見立てたエアポンプに水を流すことで、ポンプに流れ込む水を静脈血、押し出される水を動脈血とし、静脈から動脈へと血液が流れる仕組みを見えるようにできないかと考えました。

心臓マッサージに必要とされる1分間に100回の圧迫により2リットルの水が流れるポンプにより、心臓に外から力を加えることで血液を流す心臓マッサージの仕組みが理解できるようにしました。

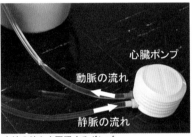

血液の流れを再現するポンプ

②親しみやすいデザイン

デザインチームでは小学生でも怖く感じることがなく、学習意欲がわくデザインとするために、親しみを覚えるキャラクターを通して心臓マッサージについて学べるようにしたいと考えました。

心臓の鼓動するドックンという音から"どっくん"と名付けたハート形をモチーフとした、心臓の妖精のキャラクターをデザインしました。また、"どっくん"を通して、心臓マッサージの仕組みや目的を学ぶことのできる学習テキストと"チャレンジ心臓マッサージ"と名付けた絵本をデザインすることで、子ども達が心臓マッサージに対して、正しい知識を得ることができるようにしました。

心臓マッサージ練習キット
ロゴマークとキャラクターのデザイン

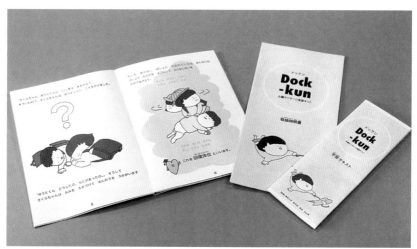

"チャレンジ心臓マッサージ"と学習テキスト

③知るデザイン

　心臓マッサージには、1分間に100回ほどのペースで胸部が5cm沈み込む圧力で圧迫し戻すことが必要とされます。技術チームは適切な強さの圧迫によりエアポンプが動作するバネを開発し、空気を入れ膨らませた透明なバルーンで囲むことで、チューブを流れる水が見えるようにしました。そこで、デザインチームでは、心臓部分に"どっくん"が描かれ、肺、心臓、および動脈流と静脈流の流れを表現した練習シートをデザインしました。収納ケースとしても使えるこのシートに、"どっくん"が描かれたポンプを位置が合うように置くことで、心臓の正しい位置を知ることができます。

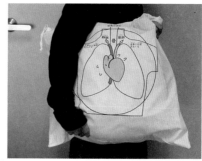

心臓の正しい位置を知るとともに収納ケースにもなる練習シート

テスト

　想定ユーザーでもある小学生と、専門家である消防隊員にテストをお願いしました。

小学生

　小学生達が、透明バルーンのデザインから受ける印象や、"チャレンジ心臓マッサージ"を読んだ感想についてヒアリングを行いました。人体マネキンを怖いと感じていたという女子児童から「かわいい印象で練習をしてみたくなる」、「"チャレンジ心臓マッサージ"は面白い」、「心臓マッサージの目的や仕組みがよくわかった」との感想を聞くことができました。

消防隊員

　浜松市消防局警防課の隊員からは、「心臓マッサージの仕組みが理解しやすい」との高い評価を得た一方、押した感じが少し軽く、ストロークも短く感じるとの意見もいただきました。救急の現場では一般の人よりも強い力で圧迫をすることから、今後の展開として、救急救命の現場に向けたより本格的な訓練も想定したオプションのバネの必要性に気づくことができました。

小学生によるテストの様子

消防隊員によるテストの様子

　本練習キットは2018年に発売され、子どもや子どもの産み育てに配慮した製品やサービスに与えられる「キッズデザイン賞」を2019年に受賞しました。

実践CARDsを使用した
オープンキャンパス企画

　3章では、デザイン思考の代表的な18の手法について、それぞれ3ステップで学べる実践CARDsを紹介しました。

　デザイン思考の活用事例の最後に、実践CARDsを活用した学生達によるオープンキャンパス企画を目的としたワークショップの様子を紹介します。

　ワークショップには12名の学生が参加し、6名ずつの2グループに分かれて行いました。学生達は開催に当たって、まず大きな机とホワイトボードのあるスペースを確保し、次に付箋、カラーペン、付箋を張り付けるためのボード、およびペルソナや絵コンテを描くための用紙を準備しました。そして、実践CARDsをスマートフォンにダウンロードするとともに、プリントし切り抜いたカードを揃えワークショップに臨みました。

スマートフォンにダウンロードした実践CARDs

プリントし切り抜いた実践CARDs

　オープンキャンパスは、大学進学を目指す高校生にとって志望校選択に向けた重要なイベントであり、大学にとっても魅力の発信に向けた大切な機会となります。

　静岡文化芸術大学は、2000年創立の比較的新しい大学ですが、文化、芸術とデザインを学べる特徴ある教育内容に加え、浜松駅から徒歩15分と交通の便が良いこと、工房等の設備も充実していることから、例年、全国から多くの高校生達がオープンキャンパスに集まります。

　学生達は、自分達が高校生の時「どんな気持ちでオープンキャンパスを訪問したか？」、静岡文化芸術大学の学生として「母校の特徴や良さをどのようにアピールしたら良いか？」を考えながらワークショップに臨みました。

静岡文化芸術大学

ワークショップの様子

マインドマップを用いた共感、定義

　大学名を中心に書いた後、大学の教育内容や設備など、高校生に知っても
らいたい特徴を書き出します。実践CARDsを参考に、「連想による発想」や
「色分け」を意識しながら制作を進めました。

　自分がオープンキャンパスを訪問した時のことを思い出しながらマップを描
くことで、高校生達は「何に不安を感じているのだろう？」「一番知りたいこ
とは何だろう？」と考えることが共感につながります。

マインドマップカード

項目ごとに色分けしたマインドマップの制作

ブレインストーミング

　各自が描いたマインドマップを手元に置いて、描きながら思ったこと、考えたことをきっかけに、大学の特徴を生かしたオープンキャンパス企画について、アイディアを付箋に書き出しながらブレインストーミングを行いました。

　実践CARDsにある「連想や付け足しもOK」を参考に、メンバーの発言をポジティブにとらえ、それに付け足す形でのアイディア展開を意識することで発想を広げます。

ブレインストーミングの様子

ブレインストーミング結果に対する分類の検討

ポジショニングマップ

ブレインストーミングで出たアイディアを2軸にマッピングすることで分析します。付箋に書かれたアイディア全体を眺め、似たようなものを集めながら「大学の施設に関連するもの」、「イベントに関連するもの」、および「参加者の気持ちに関連するもの」など、いろいろな分類の可能性を考えながらアイディアを展開します。

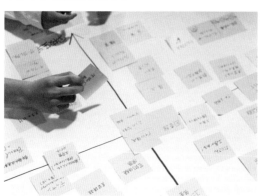

2軸による付箋の貼り換え

ブレインストーミングカード

カスタマージャーニーマップ

　ブレインストーミングによる発想、ポジショニングマップによる分析結果を踏まえ、オープンキャンパスを訪れる高校生が、浜松駅に到着し、帰るまでの経験を時系列のマップに表します。「受付をする」、「パンフレットを見る」、「展示を見る」といった行動を付箋に書きながら、ホワイトボードに時系列に貼るとともに、受付の学生、案内の学生などの対応も考えます。

　グラフィックレコーディングも意識しながら、和気あいあいとイラストを描きながら進めました。

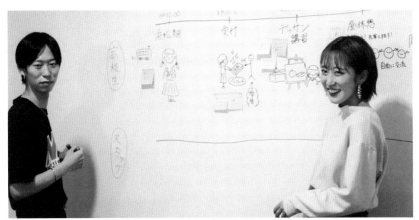

高校生の行動をイラストで表現

高校生の行動に伴う接点や思考の検討

ペルソナ・絵コンテ

　グループ内で手分けして、見学に訪れる高校生の代表例について、出身地、興味、家族構成などを具体的に書き出したペルソナを作成し、オープンキャンパスでの体験を絵コンテで表現しました。

絵コンテの制作

実践 CARDs を見ながらペルソナを制作

デッサン講習会と学内ツアーの提案

工房体験プログラムの提案

プレゼンテーション

　作成したポジショニングマップ、ペルソナ、および絵コンテをカスタマージャーニーマップの横に貼り付け、オープンキャンパス企画のプレゼンテーションを行いました。一つのグループからはデッサン講習会と学内ツアーによるプログラム、もう一つのグループからは、工房体験プログラムが提案されました。

おわりに

先日、1人の学生から就職活動のエントリーシートを見てほしいと依頼され、目を通したところ、自己アピール欄に、デザイン思考を活用することでアルバイト先のお客様から感謝されたことが書かれていました。

いわく、結婚式場のアルバイトで子連れのお客様が困っている姿をよく見かけることから、観察を通して共感を心掛け、食事の提供方法に関する提案に結び付けたところ、お客様アンケートで高い評価をいただくことができたとの内容でした。授業が学生の役に立ったのはもちろん嬉しいことでしたが、デザイン思考の考え方を意識することで、アルバイト学生であってもベテラン従業員と同じような対応ができたとの話は新鮮でした。

本書の執筆を考えたきっかけは、2019年にゼミ生として私の研究室を訪れた尾方航君から、卒業研究で「デザイン思考」を取り上げたいとの相談を受けたことです。話を聞いてみると、就職活動の面接で企業の担当者から「君はデザインを勉強しているようだけれども、デザイン思考もできるよね」とたずねられたものの、自信を持って答えることができなかったとのことです。そこで、卒業までにデザイン思考をマスターしたいとの希望であったため、「デザイン思考」の授業でアシスタントを務めてもらうことにしました。

2019年度の「デザイン思考」には、デザインを学び始めたばかりの1年生を中心に、他大学からの聴講生も含めて57名の学生達が参加しました。尾方君は、授業の中で6〜7名ずつのグループに分かれて行う、グループワークのサポートからはじめました。毎回の受講生の反応や理解の様子を観察しながら、その経過を自分なりにまとめ、時にはそこから得られた結果を受講生達にフィードバックしました。そして、卒業研究では、デザイン思考の各ツールを3ステップで学ぶことのできる「やさしいデザイン思考カード」を提案しま

した。

　そこで2020年度は、ゼミの後輩となる庵原菜摘さんに協力してもらい、「や
さしいデザイン思考カード」で提案された3ステップを取り入れた授業を行い
ました。学生達の反応を見て、必要に応じて改善を加えながら授業を進めた
ところ、楽しく学ぶ様子とともに高い学習効果を確認することができました。

　この2年間のプロセスをまとめると、次のようになります。
①一緒に授業に参加することで受講生達の気持ちに共感する。
② 受講生達の反応や理解の様子を観察しながら、どうしたら楽しく学ぶこ
　　とができるかを見極める。
③3ステップで学ぶことのできる学習カードを提案する。
④ 学習カードを授業で実際に使用し、受講生の反応を確認しながらさらに
　　改善する。

　すでに本書を読まれた皆様はもう気づかれたと思いますが、この「気持ち
に共感する」、「ポイントを見極める」、「提案してみる」、「実際に使用してみ
る」、「さらに改善する」といったアプローチこそがデザイン思考のプロセスと
なります。いわば、「デザイン思考を用いて考えた、デザイン思考を楽しく学
ぶ方法」が本書となります。

　2020年度、新型コロナウイルス禍のなか10月から再開した対面授業は、密
を避けるため席を分散し、1回のディスカッションも15分以内に抑えるなど
の制約のなかで行われました。しかし、「デザイン思考」には、大学に入って
始めての対面授業に臨む多くの1年生達も含めて、前年度を超える79名の学
生が参加しました。

　そこで学生達に、先輩が考えた3ステップの学習方法を含む授業の内容を、デザイン思考を実践的に学べる本にしたいと相談したところ、大勢が協力を申し出てくれました。おそらく、前述のアルバイト先での話のように、デザイン思考の考え方は生活のさまざまな場面で実践できることを、多くの人達に知ってもらいたいと考え、共感してくれたものと思います。

　授業での成果物の提供、イラスト制作、および写真撮影など多くの協力をいただいた静岡文化芸術大学デザイン学部の皆さん、どうもありがとう。在学中のデザイン研究・制作事例の提供等、協力をいただいた卒業生の木下裕香子さん、鈴木美香さん、杉本若菜さん、久保田茉那さん、テイ・コウモさん、ありがとうございました。

　尾方航さん、頑張って提案いただいたカード、大勢の人に活用いただけると良いですね。カードのテストに際してサポートいただいた庵原菜摘さん、資料の提供をいただきました株式会社東芝デザインセンター、本書の企画に共感いただき、多くのアドバイスをいただきました東京書籍の藤田六郎様、編集を担当いただきました金井亜由美様に感謝申し上げます。

　2年間にわたって、大勢の協力を得ながらまとめた本書が、皆様の課題解決のお役に立てば嬉しく思います。

伊豆裕一

実践CARDs

3章で紹介し、9、40ページのQRコードから
ダウンロードできる実践CARDSsを紹介、掲
載します。

実践 CARDs 掲載ページについて

　次ページから、実践CARDsを18の手法ごとに掲載しています。このページの使い方は、次のようにいくつかあります。

①カードページと3章を見ながらワークショップやミーティングなどで活用できます。そうすることで、カードの使い方や内容 がよくわからなくなった場合に、説明についてすぐに確認できます。

②厚紙にコピーして切り取ってカードとして使用することもで きます。

　また、3章の実践CARDs（40ページ）や、デザイン思考の流れ（42ページ）、まずは共感しよう（46ページ）、共感のための手法（47ページ）、そして、48ページから93ページで紹介した5段階のプロセス（デザイン思考における共感、定義、発想、プロトタイプ）と18の代表的な手法（観察、インタビュー、アンケート……など）と照らし合わせて、ご確認ください。すると理解が深まり、より一層、活用できます。

　なお、実践CARDsは下のQRコードからもダウンロードできます。

https://www.tokyo-shoseki.co.jp/books/downloadpage/designthinking/

共感

TOOL

観察

共 ● ● ● ● ●

観察
STEP 1

動きに注目しよう

POINT

人やモノの
動きや流れを
観察しよう

共 ● ● ● ● ●

観察
STEP 2

インタラクションに注目しよう

POINT

人と人
人とモノの
交流を観察しよう

共 ● ● ● ● ●

観察
STEP 3

人・モノ・空間に注目しよう

POINT

どんな人が登場？
どんなモノが登場？
場所はどこ？

共 ● ● ● ● ●

共感

TOOL

インタビュー
共 ● ● ● ●

● インタビュー ●
STEP 1

**対象者を
決めよう**

POINT

身近な消費者か？
その分野の専門家か？
誰に聞くかが大切
共 ● ● ● ●

● ● インタビュー ● ●
STEP 2

**質問の内容を
考えよう**

POINT

答えやすい順番で
質問しよう
経験⇒感想⇒意見
共 ● ● ● ●

● ● ● インタビュー ● ● ●
STEP 3

結果を共有しよう

POINT

インタビューシート
に記入して
結果を共有しよう
共 ● ● ● ●

共感

TOOL

アンケート

共 ● ● ● ● ●

● アンケート ●
STEP 1

質問の内容を設定しよう

POINT

アンケートの
目的に合わせた質問
相手に合わせた質問

共 ● ● ● ● ●

Step 1

● ● アンケート ● ●
STEP 2

適切な回答形式を選ぼう

POINT

選択式（はい、いいえ）
段階評価（1, 2,…）
自由記述

共 ● ● ● ● ●

Step 2

● ● ● アンケート ● ● ●
STEP 3

順番やレイアウト
を工夫して作ろう

POINT

退屈しない工夫
回答時間、質問の順番
見た目の工夫

共 ● ● ● ● ●

Step 3

共感 　　　 定義

TOOL

共感マップ

共 定 ● ● ●

● 共感マップ ●

STEP 1

言ったことは？
したことは？

POINT

何を言ったか
何をしたかを
はっきりとらえよう

共 定 ● ● ●

● ● 共感マップ ● ●

STEP 2

感じていることは？
考えていることは？

POINT

発言や行動から
何を感じたか
思ったかを推測しよう

共 定 ● ● ●

● ● ● 共感マップ ● ● ●

STEP 3

何が不満？
何が必要？

POINT

感じたこと
思ったことの理由は？
その原因を考えよう

共 定 ● ● ●

共感　定義　発想

TOOL

マインドマップ

共 定 発 ● ●

Step 1

● マインドマップ ●
STEP 1

用紙の中心に
テーマを書こう

POINT

紙の中心に
テーマを書いて
まるで囲む

共 定 発 ● ●

Step 2

● ● マインドマップ ● ●
STEP 2

連想した事柄を
自由に描き足そう

POINT

中央から放射状に線を
引いて思いついたことを
描き足そう

共 定 発 ● ●

Step 3

● ● ● マインドマップ ● ● ●
STEP 3

要素を結び付けて
関係性を視覚化しよう

POINT

重要なモノに色をつける
類似したモノを線で結ぶ
見た目も大切

共 定 発 ● ●

共感　定義

TOOL

カスタマージャーニーマップ

共 定 ● ● ●

● カスタマージャーニーマップ ●
STEP 1

**体験を
横軸に書き出そう**

POINT

対象者の経験する
体験や行動
を書き出そう

共 定 ● ● ●

● ● カスタマージャーニーマップ ● ●
STEP 2

**その時の気持ちを
縦軸に書き出そう**

POINT

プロセスに沿って
接点・思考・感情
を書き出そう

共 定 ● ● ●

● ● ● カスタマージャーニーマップ ● ● ●
STEP 3

**感情の変化を
グラフに描き出そう**

POINT

プロセス欄に戻り
経験に沿って
線を引こう

共 定 ● ● ●

共感　　　定義

TOOL

サービスデザインマップ

共 定 ● ● ●

● サービスデザインマップ ●
STEP 1

対象者の行動を
横軸に書き出そう

POINT

無形のサービスなど
目に見えない部分も
含めて書き出そう

共 定 ● ● ●

Step **1**

Step **2**

● ● サービスデザインマップ ● ●
STEP 2

その他の登場人物
の行動も書き出そう

POINT

対象者の体験に関わる
すべての関係者の
行動を書き出します

共 定 ● ● ●

Step **3**

● ● ● サービスデザインマップ ● ● ●
STEP 3

相互の関係を
視覚化しよう

POINT

線でつないだり
矢印を描いて
関係性を表そう

共 定 ● ● ●

定義

TOOL

ペルソナ

定

● ペルソナ ●
STEP 1

対象者に関する 情報を集めよう

POINT

インタビューや
観察を通して
多くの情報を集めます

定

●● ペルソナ ●●
STEP 2

ターゲット層に 最適な人を決めよう

POINT

ターゲット層の典型例
として最もふさわしい
人を決めます

定

●●● ペルソナ ●●●
STEP 3

2人以上の ペルソナを作ろう

POINT

ターゲット層の中から
2人以上の最も典型的な
人物を設定しよう

定

定義　発想

TOOL

ブレインストーミング

定 発

● ブレインストーミング ●

STEP 1

ためらいは禁物

思いついたら発言

POINT

自由に何でも
発言しよう
多ければ多いほど良い

● 定 発 ● ●

Step **1**

Step **2**

● ● ブレインストーミング ● ●

STEP 2

連想や

付け足しも OK

POINT

メンバーの力も借りて
個人戦ではなく
団体戦と思って頑張ろう

● 定 発 ● ●

Step **3**

● ● ● ブレインストーミング ● ● ●

STEP 3

分類して

傾向を把握しよう

POINT

似た者同士を集めるなど
アイディアを分類して
傾向を把握しよう

● 定 発 ● ●

定義　発想

TOOL

ポジショニングマップ

定　発

● ポジショニングマップ ●
STEP 1

**意味やニュアンスの
近いものを集めよう**

POINT

×× なイメージなど
いろいろな視点から
分類を考えてみよう

定　発

● ● ポジショニングマップ ● ●
STEP 2

**集めたグループに
名前を付けよう**

POINT

グループ全体に
共通するイメージや
代表的なキーワード

定　発

● ● ● ポジショニングマップ ● ● ●
STEP 3

2軸を決めよう

POINT

グループに分かれた
背景からそれぞれ
対になる2軸を考えよう

定　発

定義　発想

TOOL

コラージュ

定　発

● コラージュ ●
STEP 1

新聞や雑誌を集めて
素材を選ぼう

POINT

イメージに合った素材を
できるだけ多く集め
切り抜こう

定　発

●● コラージュ ●●
STEP 2

分類して
候補を選ぼう

POINT

素材を分類して
伝えたいことをイメージ
しながら候補を選ぼう

定　発

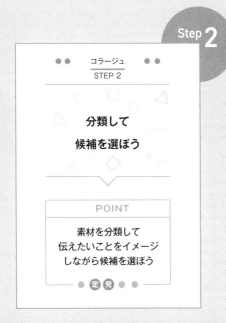

●●● コラージュ ●●●
STEP 3

構図を考えながら
画像を構成しよう

POINT

強調したいものや
全体の構図をイメージ
しながら貼り付けよう

定　発

発想 | プロトタイプ | テスト

TOOL

絵コンテ

発 具 評

Step 1

● 絵コンテ ●
STEP 1

シナリオを
作ろう

POINT

背景・起・承・転・結
の要領でストーリーを
考えてみよう

発 具 評

Step 2

●● 絵コンテ ●●
STEP 2

場面ごとに
絵で表そう

POINT

人と人、人とモノ
の関係に注意しながら
絵に描いてみよう

発 具 評

Step 3

●●● 絵コンテ ●●●
STEP 3

解説とセリフも
記入しよう

POINT

セリフや状況を書き込む
ことでストーリーを
作り込もう

発 具 評

発想　プロトタイプ　テスト

TOOL

スケッチ

発　具　評

Step 1

● 　 スケッチ 　 ●
STEP 1

発想を広げるために
スケッチしよう

POINT

描きながら見る
描き終わったら見る
もう一つ描いて比較する

● ● 発　具　評

Step 2

● ● 　 スケッチ 　 ● ●
STEP 2

検討するために
スケッチしよう

POINT

描いたスケッチを見て
新しい発見をしよう

● ● 発　具　評

Step 3

● ● ● 　 スケッチ 　 ● ● ●
STEP 3

コミュニケーションする
ためにスケッチしよう

POINT

描いたスケッチを
いろいろな人に見せて
意見を聞こう

● ● 発　具　評

発想　プロトタイプ　テスト

TOOL

プロトタイプ（モデル）

発 具 評

●プロトタイプ（モデル）●
STEP 1

目的を考えて
材料を揃えよう

POINT

形の確認、動作の確認
使い方の検討など
制作の目的を確認しよう

発 具 評

Step 1

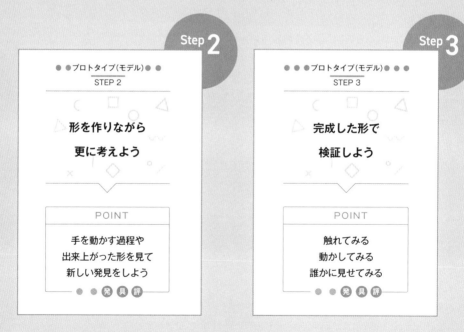

● ●プロトタイプ（モデル）● ●
STEP 2

形を作りながら
更に考えよう

POINT

手を動かす過程や
出来上がった形を見て
新しい発見をしよう

発 具 評

Step 2

● ● ●プロトタイプ（モデル）● ● ●
STEP 3

完成した形で
検証しよう

POINT

触れてみる
動かしてみる
誰かに見せてみる

発 具 評

Step 3

テスト

TOOL

プレゼンテーション

評

● プレゼンテーション ●
STEP 1

誰に、何を、どのように

伝えるか考えよう

POINT

説明を考えながら
提案のポイントや
内容を再確認しよう

評

Step 1

● ● プレゼンテーション ● ●
STEP 2

結論がはっきりと

伝わるよう構成しよう

POINT

結論⇒背景⇒目的⇒内容
⇒最後にもう一度結論
ビジュアル資料も有効

評

Step 2

● ● ● プレゼンテーション ● ● ●
STEP 3

リハーサルを

してみよう

POINT

リハーサルの目的は
検証、改善、練習
大きな声ではっきりと

評

Step 3

共感　定義　発想　プロトタイプ　テスト

TOOL

ファシリテーション
共 定 発 具 評

● ファシリテーション ●
STEP 1

**目的・目標
を共有しよう**

POINT

メンバーが目的・目標を
共有できるよう
常に気を配ろう
共 定 発 具 評

Step 1

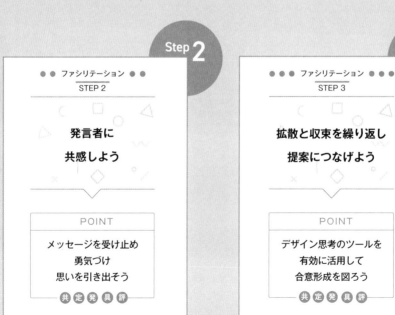

Step 2

● ● ファシリテーション ● ●
STEP 2

**発言者に
共感しよう**

POINT

メッセージを受け止め
勇気づけ
思いを引き出そう
共 定 発 具 評

Step 3

● ● ● ファシリテーション ● ● ●
STEP 3

**拡散と収束を繰り返し
提案につなげよう**

POINT

デザイン思考のツールを
有効に活用して
合意形成を図ろう
共 定 発 具 評

共感 | 定義 | 発想

TOOL

チームビルディング・
アイスブレイク

共 定 発 ● ●

Step **1**

チームビルディング・
アイスブレイク
STEP 1

**事前の
準備が大切**

POINT

メンバー構成
議論の内容などから
必要な準備をしよう

共 定 発 ● ●

Step **2**

● ● チームビルディング・
アイスブレイク ● ●
STEP 2

**メンバーの
緊張をほぐそう**

POINT

ミニゲームで緊張を
解いて発言しやすい
雰囲気を作ろう

共 定 発 ● ●

Step **3**

● ● ● チームビルディング・
アイスブレイク ● ● ●
STEP 3

切り替えよう

POINT

場の緊張が
解れたら本題に
移ろう

共 定 発 ● ●

共感　定義　発想　テスト

TOOL

グラフィック
レコーディング

共 定 発 ● 評

Step 1

● グラフィックレコーディング ●
STEP 1

話を聞こう

POINT

事実？　感情？　推測？
話の要点を
おさえよう

共 定 発 ● 評

Step 2

● ● グラフィックレコーディング ● ●
STEP 2

**可能な所から記号や
イラスト化していこう**

POINT

いつ？　どこで？
誰が？　何を？　なぜ？
どのように？

共 定 発 ● 評

Step 3

● ● ● グラフィックレコーディング ● ● ●
STEP 3

**矢印や囲みなどで
ストーリーを表現しよう**

POINT

内容を構造化して
ストーリーラインを
表現しよう

共 定 発 ● 評

「やさしいデザイン思考カード」
を提案して 〜原案制作者から

　デザイン思考をテーマに卒業研究をスタートさせた時、まさか自分の提案が本になって出版されるようになるとは、夢にも思いませんでした。

　研究のご指導から、本書を作り上げてくださった伊豆先生、さまざまな学びの機会を与えてくださった先生方、協力してくれたゼミ生や後輩たちに心より感謝申し上げます。

　「やさしいデザイン思考カード」は、デザインを学ぶ学生や、デザイン思考の考え方で課題を解決し、生活を豊かにしたいと考えている人に向けたものですが、大学卒業後にデザイナーとして仕事をしていくうえで、大切にしたいと思った考え方や姿勢をまとめたものでもあります。まだまだ駆け出しの新米デザイナーではありますが、初心を忘れることなくこれからも精進してまいります。

尾方 航

フォーマットの
サンプルページ

3章で紹介したインタビューシートなどのフォーマットのサンプルページです。3章の例を参考にしながらお役立てください。コピーして使うと便利です。

観察結果（48 ページ）

	動き	インタラクション	人・モノ・空間
1			
2			
3			
4			
5			
6			
7			

インタビューシート（50 ページ）

No.
_____

日時：
_____

お名前（ニックネーム）
プロフィール
質問1　：
質問2　：
質問3　：
質問4　：

共感マップ（54 ページ）

SAY（言ったこと）	THINK（たぶん考えていること）
DO（したこと）	**FEEL（たぶん感じていること）**

不満やストレス	要求や必要なこと

マインドマップ（58 ページ）　はじめての人は同心円状に描いていくときれいに見えます。
こちらの台紙をベースに練習してみてください。

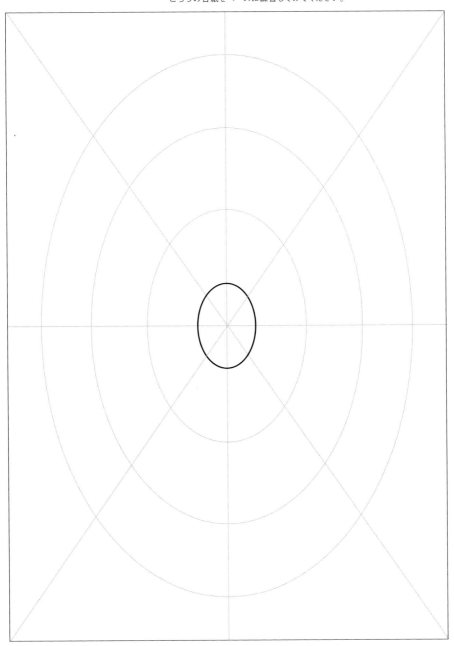

カスタマージャーニーマップ （60 ページ）

プロセス
（ステージ）

接点

思考

感情

課題
施策

サービスデザインマップ（62ページ）

状況

サービスの対象者

関係者 1

関係者 2

関係者 3

ペルソナ （64 ページ）

のペルソナ

ペルソナ No.

情報 1

情報 2

情報 3

情報 4

基本情報
指名：
年齢：
性別：
家族：
職業等：
住環境：
特技等：

絵コンテ（74 ページ）

タイトル _____

状況説明　　　　　　　　　　　　　　　　　　　発言

_____

_____

_____

_____

_____

_____

_____

_____

_____

_____

_____

_____

_____

_____

_____

_____

_____

_____

_____

参考文献

第1章

p.12　公益財団法人日本デザイン振興会ホームページ
https://www.jidp.or.jp/ja/about/firsttime/whatsdesign

p.16　IDEO社ホームページ
https://designthinking.ideo.com/

p.17　価格com
https://kakaku.com/

p.21　ジェイムス・M・アッタパーク
『デザイン・インスパイアード・イノベーション』
株式会社ファーストプレス、2008

第2章

p.34　特許庁はデザイン経営を推進しています
https://www.jpo.go.jp/introduction/soshiki/design_keiei.html

p.34　「デザイン経営」宣言
https://www.meti.go.jp/press/2018/05/20180523002/20180523002-1.pdf

p.35　BUSINESS PERSON'S GUIDE TO DEESIGN DRIVEN MGMT.
https://www.jpo.go.jp/introduction/soshiki/document/design_keiei/handbook_20200319.pdf

p.36　アクティブラーニングの視点と資質・能力に関する参考資料
https://www.mext.go.jp/b_menu/shingi/chukyo/chukyo3/061/siryo/
　__icsFiles/afieldfile/2016/03/03/1367713_2_2.pdf

第3章

p.86　岩崎夏海『もし高校野球の女子マネージャーがドラッカーの『マネジメント』を読んだら』ダイヤモンド社、2009

第4章

p.100　キーワード抽出におけるスケッチスキルの効果分析，伊豆 裕一，佐藤 浩一郎，加藤 健郎，松岡 由幸，
日本デザイン学会『デザイン学研究』第60巻 第6号、2014

p.103　要 真理子・前田 茂（翻訳）
『西洋児童美術教育の思想──ドローイングは豊かな感性と創造性を育むか?』東信堂、2017

p.103　デッサンとスケッチの描画スキルと描画過程の関係，伊豆 裕一，加藤 健郎，佐藤 浩一郎，松岡 由幸，
日本デザイン学会『デザイン学研究』第64巻 第2号、2017

p.115　清水淳子『Graphic Recorder ── 議論を可視化するグラフィックレコーディングの教科書』
ビー・エヌ・エヌ新社、2017

写真とイラストのクレジット

第1章
p.20　　　静岡文化芸術大学「デザイン思考」講義資料より、ハンドミキサーモデルデザイン／木下裕香子
p.23　　　静岡文化芸術大学「インタラプロダクト」講義資料より

第2章
p.29　　　やさしいデザイン思考カードより　イラスト制作／尾方 航
p.31-32　　静岡文化芸術大学「デザイン概論」講義資料より
p.37　　　マインドマップ制作／相馬果枝

最3章
実践CARDs、および各手法アイコン制作／尾方 航
その他イラスト、図表等制作協力／増子葉月、庵原菜摘、正垣亜優香
p.41　　　写真撮影：安部涼
p.64　　　ペルソナ／静岡文化芸術大学「デザイン思考」より
p.80　　　モデル／静岡文化芸術大学「基礎演習E」より

第4章
p.99　　　伊豆裕一作品より
p.101　　　「キーワード抽出におけるスケッチスキルの効果分析」
日本デザイン学会デザイン学研究，第60巻 第6号，pp.79-88，2014
p.104　　　静岡文化芸術大学「色彩形態論」講義資料より
p.105-106　イラスト制作／正垣亜優香
p.107-118　静岡文化芸術大学「デザイン思考」より
p.119　　　静岡文化芸術大学「デザイン思考」、「総合演習Ⅰ/Ⅱ」より
p.120-125　静岡文化芸術大学「総合演習Ⅰ」、「卒業制作」より

第5章
p.130　　　静岡文化芸術大学「デザイン概論」講義資料より
p.132-137　イラスト、図表等制作協力／増子葉月、庵原菜摘、正垣亜優香
p.138-139　静岡文化芸術大学「情報環境論」より
p.141-144　写真、図表提供／株式会社東芝デザインセンター（現：CPSxデザイン部）

第6章
p.146-151　静岡文化芸術大学「デザイン思考」より
p.152-157　静岡文化芸術大学「デザイン思考」より
p.158-163　静岡文化芸術大学特別研究「高齢者に向けたレクリエーションの研究」（2019年度／テイ・コウモ）より
p.164-169　静岡文化芸術大学受託研究「教育機材用の心臓マッサージ実習装置の開発」より

著者略歴

伊豆裕一（いず ゆういち）

千葉大学工学部工業意匠学科卒業後、東芝デザインセンター（現：CPSxデザイン部）に勤務、カラーテレビ "REGZA" シリーズなど家電製品から医療・社会システムに至るプロダクトデザイン、インターフェースデザイン、およびブランディング開発等に従事。 この間、イタリアのオリベッティ社にて情報システム開発、東芝アメリカ社にてデザインディレクターとして世界初の DVD プレーヤー開発などに従事。その後、慶應義塾大学大学院理工学研究科総合デザイン工学専攻後期博士課程修了。2012 年より静岡文化芸術大学デザイン学部教授。

カード原案	尾方航
ブックデザイン	長谷川理
DTP	川端俊弘（WOOD HOUSE DESIGN）、滝沢啓（ノグリ.graph）
校正	有園香苗（東京出版サービスセンター）
撮影（第6章）	株式会社ティーディーピー、安部涼
アプリ制作	和田和美
編集	金井亜由美（東京書籍）

はじめてのデザイン思考
基本 BOOK ＆実践 CARDs

2021 年 9 月 16 日　第 1 刷発行

著　者	伊豆裕一
発行者	千石雅仁
発行所	東京書籍株式会社
	〒114-8524 東京都北区堀船 2-17-1
	03-5390-7531（営業）　03-5390-7500（編集）
	https://www.tokyo-shoseki.co.jp
印刷・製本	株式会社リーブルテック

日本音楽著作権協会（出）許諾第 2106699-101 号